KB269633

미국재계를 움직이는

9명의 한국인들

문원탁 · 이준호 지음

한 언 HANEON.COM

미국재계를 움직이는 9명의 한국인들

펴 냄   2004년 7월 25일 1판 1쇄 박음 / 2004년 8월 1일 1판 1쇄 펴냄
지은이   문원택 · 이준호
펴낸이   김철종
펴낸곳   (주)한언
          등록번호 제1-128호 / 등록일자 1983. 9. 30
주 소   서울시 마포구 신수동 63-14 구 프라자 6층 (우 121-854)
          TEL. 02-701-6616(대) / FAX. 701-4449
홈페이지   www.haneon.com
e-mail   haneon@haneon.com
          저자와의 협의하에 인지 생략

ISBN 89-5596-184-7   03320

미국재계를 움직이는
9명의 한국인들

오늘 아침 사나운 소나기가 워싱턴에 몰아쳤다. 오후부터는 빗줄기가 점차 가늘어지더니 빽빽이 들어선 빌딩숲 사이로 찬란한 오후 햇살이 빛나기 시작했다. 지난 수세기 동안 신천지를 꿈꾸며 가난으로부터의 탈출을 위해 맨주먹을 불끈 쥐고 고향을 등진 채 떠난 사람들. 이들에 의해 만들어진 나라가 바로 미국이다. 따라서 미국은 이민자들의 나라요, 꿈과 열정이 있다면 충분히 성공할 수 있는 사업가의 천국이다. 헨리 포드, 카네기, 록펠러 등의 기라성 같은 기업가들이 모두 오늘날의 미국을 만들어간 대표적인 이민기업가들이다.

지난 수년간 한국에서는 수많은 젊은이들이 일자리를 찾지 못해 힘겨워하고, 많은 기업들이 경쟁력을 상실한 채 경영에 많은 어려움을 겪고 있다. 하지만 이 순간에도 지구 반대편, 비행기로 불과 10시간 이내의 거리에 있는 미국에서는 우리의 이민 1, 2세들이 미국 사회도 깜짝 놀랄 만큼 유망한 벤처기업들을 잇따라 창업하고 있다.

그들은 이렇다 할 기반도 없는 상태에서, 그야말로 미래에 대한 확고한 비전과 열정 하나만으로 사업을 시작한 사람들이 대부분이다. 특히 문화적인 차이로 인한 갈등, 능숙치 못한 영어, 게다가 창업을 하기에는 턱없이 부족한 자금 등 수많은 난제가 있었음에도 불구하고 이들 이민자들이 저마다의 사업으로 대성하고 있다는 것은 놀라운 일이 아닐 수 없다.

과연 무엇이 이들로 하여금 백인들조차 꿈꾸지 못하는 이처럼 엄청난 기적을 만들어내고 있는 것일까?

필자는 자신과 가족의 꿈을 실현하기 위해 조국을 등지고 이민을 떠나는 수많은 사람들을 보면서, 그리고 위기에 놓여 있는 국내의 많은 기업들을 보면서, 이들을 위해 희망과 용기를 북돋아줄 자료를 제공하는 것이 매우 필요한 과제임을 절감하였다. 그리하여 최근 미국에서 성공적인 기업경영으로 주목받고 있는 기업가들을 연구하기 시작하였고 마침내 그 중에서도 가장 탁월한 9명의 한인 이민 1세 기업가들을 추려 이들의 기업가 정신과 경영 전략 등을 책으로 정리하게 되었다. 그러므로 이 책은 자신과 가족의 성공을 위해 크고 작은 다양한 분야에서 자신만의 사업을 꿈꾸며 이민을 떠날 사람들에게 특히 유용한 자료가 될 것으로 기대한다.

필자는 이 책에서 다루는 이민 1세 기업가들을 인터뷰하기 위해 한국과 미국을 여러 차례 드나들고, 비행기로 미국 전역을 여행해야 하는 수고를 겪어야 했다. 하지만 우리의 자랑스러운 이민기업가들을 만난다는 기쁨에 여행의 번거로움도 잊었고, 만나면 첫인사를 어떻게 해야할지 가벼운 홍분마저 일어나곤 했다.

이 지면을 빌어 매우 바쁜 일정에도 불구하고 회사를 방문한 저자들을 환대하고 귀중한 시간을 할애하여 인터뷰에 응해준 이민기업가들에게 감사를 표한다. 그리고 원고의 작성에서 탈고까지 원고를 꼼꼼히 살펴준 조직전략연구소의 심재철 이사님에게 감사의 말을 전한다.

끝으로 이민을 가거나 사업을 시작하려는 우리의 젊은이들에게 이 책이 커다란 성공과 행운의 단초가 되기를 진심으로 기원한다.

저자를 대표하여 문 원 택

CONTENTS

이민기업가의 나라, 미국

미국을 흔히 '이민의 나라'라고 하고, 모든 인종이 같이 동화되어 산다고 해서 '멜팅 파트(Melting Pot)'라고도 한다. 이처럼 다양한 인종의 수많은 이민자들은 사업으로 성공하여 미국이 오늘날 최고의 경제적 풍요를 누릴 수 있도록 하는 데 결정적인 공헌을 하였다.

이민 1세 기업가로서 위대한 공헌을 한 사람들 가운데 대표적인 인물은 앤드류 카네기(Andrew Carnegi)이다. 13살 때 스코틀랜드에서 미국으로 이민 온 그는 전보 배달원, 철도 직원을 거쳐 주식으로 돈을 모아 철강 회사를 창업·육성하였다. 그는 지금의 미국철강(U.S. Steel)의 모체가 된 세계 최고의 철강 회사를 만들어 '철강왕'의 호칭까지 받게 된 성공적인 이민기업가로서 당대 최고 부자 중 한 사람이 되었다. 그리고 그를 더 유명하게 한 것은 많은 재산을 사회에 헌납한 자선사업가로서, 또한 《민주주의의 승리》라는 책을 쓴 저자로서의 업적이다.

　100년 후 또 한 사람의 위대한 이민 1세 기업가가 나왔는데, 그 주인공은 바로 인텔(Intel) 사의 앤디 그로브 회장이다. 그는 미국 컴퓨터 산업의 핵심인 칩(chip)을 생산하는 기업을 창업하여 세계적 명문 기업으로 육성해왔다. 1998년 〈타임〉 지는 그를 미국 최고의 인물로 선정하기도 했다. 그가 부모를 따라 헝가리에서 미국으로 이민 왔던 19살 때에는 영어조차 몰랐던 평범한 청년에 불과했지만, 이제는 미국 신경제 만들기의 어엿한 주역으로 성장하였다.

국경 없는 이민기업가의 시대, 세계화 속의 세계 시민

　미국을 '이민의 나라'라고 하지만, 200년 미국사에서 와스프(WASP)라고 불리는 백인 유럽 이민자, 특히 신교도들은 그들이 마치 원주민인 것처럼 주도권을 갖고, 미국을 세계 최대 경제국이자 강대국으로 발전시켜왔다. 그러나 밀만(Millman)의 《Other Americans》에서는 와스프에 이어 그밖의 다른 나라들에서 미국으로 이민해 온 새로운 2세대 이민자들을 가리켜 기타 미국인들(other Americans)이라 부르고 있다. 밀만은 이러한 20세기 이민자들이 미국 안에 200여 년 늦게 참여하여 제2의 개척자 주류를 형성하기 시작했다고 말한다. 이들은 오늘날 미국 신경제의 힘의 원천이 되어, 전문가들도 놀랄 만큼 미국에 유례 없는 호경기를 가져다주고 있다. 또한 이들의 성공은 철강왕 카네기나 인텔 사의 그로브 회장과 같이 일찍이 이민 온 유럽의 이민기업가들뿐만 아니라, 동양계 및 소수민족의 어느 누구라도 미국에서 대성할 수 있다는 것을 보여주고 있다.

그러나 사실 과거에 동양인을 비롯한 소수민족들이 미국에서 사업으로 성공을 하기 위해서는 많은 제약이 따랐는데, 이는 제임스 미치너(James A. Midchener)의 유명한 소설 《하와이》라는 책에도 잘 나타나 있다. 이 소설에서는 과거 동양인 해외 취업 이민자들을 하와이의 사탕수수밭 노무자로 받아들이기 시작할 무렵, 일본의 빈농 총각들이 한탕주의의 꿈을 안고 장가 밑천을 벌기 위해 취업 이민을 가는가 하면, 빚을 갚고 새 출발을 하기 위해 노예선을 타고 머슴 노무자의 길을 떠나는 중국 사람들의 이야기가 주를 이루고 있다. 요컨대 이 소설은 취업 이민자로서 갖은 고생을 다 겪어가며 새 살림을 개척해 나가는 동양 이민자들의 실상을 담고 있다.

하지만 이제 상황은 달라졌다. 오늘날 '경제대국'이라고 불리는 미국의 커다란 성공을 만들어간 사람들의 다양한 인종과 성별에서도 알 수 있듯이, 미국에서 사업을 하는 데 있어서 인종차별이나 성차별 등의 낡은 관습은 더 이상 장애가 될 수 없다. 따라서 과거의 동양인 차별의 시대를 지나, 이제 21세기는 세계 시민의 세기이며 동양인 기업가도 당당히 경쟁할 수 있는 새로운 재계 지도자의 세기라고 할 수 있을 것이다.

이러한 때에 남다른 비전과 열정, 그리고 끊임없이 새로운 것을 개발해내는 창의성 등을 경쟁력으로 하여 당당히 자신의 사업으로 크게 성공한 우리 나라의 한인 이민기업가들의 소식은 여간 자랑스러운 것이 아니다. 이 책의 주인공이라고도 할 수 있는 한인 이민 1세 기업가들은, 와스프가 아닌 기타 미국인의 한 부류로서 '새로운 미국 만들기'의 주류에 합류하여 모든 분야에서 탁월한 지도력을 보여주고 있는 경제계 리더인 것이다.

노동 이민자에서 자랑스러운 벤처기업가로

한민족의 해외 이주는 인접 지역인 만주나 일본, 러시아 등이 대부분이었다. 그러던 것이 1903년 미국 선교사의 도움으로 인해 기독교인, 독립지사 등을 필두로 하여, 성공의 꿈을 안은 100여 명의 가난한 젊은 이들이 미국 하와이 사탕수수밭의 품팔이 농사꾼으로 호놀룰루에 처음으로 발을 딛게 되었다. 이것이 한민족 미국 이민사의 시작이었다. 그 이후로 정치성·경제성 이민의 형태로 당분간만 타향살이를 하겠다는 이들이 평생 고국으로 못 돌아오는 망명의 신세가 되어 무국적 이민의 삶을 살기 시작한 지도 거의 100년이 다 되어가고 있다. 그러나 이제는 그들의 후손인 이민 2세, 3세, 그리고 4세, 5세까지가 이전의 한민족 이민자들과 합류하면서, 미국 전역에서 삶의 뿌리를 내린 우리 교포가 59만여 명에 이르고 있다.¹⁾ 1965년 이후 미국 이민법의 자유화 정책은 연고자 이민을 위시하여 취업 이민, 사업 이민, 국제결혼 이민 등이 급격히 증가하는 원인이 되었다. 한인들의 이러한 이민 엑서도스(Exodus) 현상은 1990년에 들어와서 수그러들기도 했지만, IMF 시대의 취업 이민 및 연고 이민이 고개를 들기 시작하면서 다시 나타나고 있다.

그리고 바야흐로 한국의 미국 이민 붐이 본격적으로 일던 20세기, 상대적으로 열악한 조건과 치열한 생존경쟁 속에서도 한인 특유의 정신으로 다른 기업들이 넘볼 수 없는 기술력을 자랑하며 한국 벤처기업가의 위상을 한껏 높이고 있는 우리의 이민기업가들. 그들의 활약과 성공 사례는 근래에 미국 언론은 물론 많은 경제 전문지 등에서 대서특필되고 있다. 이렇듯 세계인의 주목을 받고 있는 가운데, 경제 대국인 미국을 움직이는 한 축이 된 우리의 이민기업가들에 대한 소식은 100년 한인 이민사에서 유례 없던 일이기에 그만큼 더 자랑스럽고 가슴 뿌듯한 경사가 아닐 수 없다.

2000년 12월 초 서울에서는 500여 명의 국내외 벤처기업가들이 모여 총회를 가졌다. 이 INKE(International Network of Korean Entrepreneurs) 총회에 참석한 대표적인 기업가들 중에는 일본 거주 교포 기업가인 소프트뱅크(Softbank) 사의 손정의 사장, 미국 거주 한인 이민 1세 기업가 루슨트테크놀로지(Lucent Technologies) 사의 김종훈 사장과 자일랜(Xylan) 사의 김윤종 전 회장 등이 있었다. 이 모임은 21세기 정보통신의 선두에서 일익을 담당하고 있는 해외 교포 기업가들과 한국의 기업가들이 서로 협력하여 사업 제휴·정보 교류 네트워크를 구축하자는 취지로 만들어진 시대적 욕구의 발상이었다.

이제는 세계적인 명성으로 한국을 빛내고 있는 이민기업가들이 국경 없는 세계화 시대의 리더로서, 바야흐로 한국을 포함한 국제 사회에서 참다운 기업가로 활약하는 시대가 온 것이다.

세계 리더의 전략과 철학에 관한 고찰

미국 하와이에서 취업 노무자로 시작한 한인 이민자들의 이민사 100년은 이제 이방에서 새 주인이 되는 문턱에 들어선 역사적 기결에 와 있다. 이러한 변화를 만들어 온 재계 리더인 이민기업가들에 대한 이야기는 성공하는 기업가 정신의 본질적 개념을 이해하는 데 큰 도움이 될 것이다. 뿐만 아니라 한인 이민 1세 기업가들이 낯선 이국 땅에서 새로 사업을 시작하여 우수기업으로 성장시켜가는 과정에서 보여준 성공 전략과 철학은, 외국에 나가 사업을 시작하려는 사람들에게도 실질적인 도움을 제공할 것이라고 확신한다.

구체적으로 한인 이민 1세 기업가에 관한 연구는 한인 이민사 연구 없이는 올바로 진행될 수 없으며, 미국 기업 발달사와도 무관할 수 없다. 따라서 이 책은 미국의 이민사나 기업 발달사와 관련을 맺고 있으면서도, 민간 산업에서 크게 성공한 기업가들을 선발하여, 그들의 사례를 바탕으로 이민기업가 특유의 특성을 살펴보는 데 그 초점을 두고 있다.

그러나 이러한 과정에는 예상 밖의 어려움도 많았는데, 이는 이민기업가 명단에 포함될 참된 기업가들을 선정하는 일이었다. 많은 기업가들이 여기에 해당된다 해도 여기에서 9명의 '자랑스러운' 기업가를 선정하는 일은 어려웠다.

성공한 기업가를 평가하는 데 사용되는 기준이 있다. 즉, ①과거 3년 또는 5년간의 지속적인 매출액과 순이익, ②자산 규모, 즉 주식 시장의 가치, ③기업문화의 특질 등이 그것인데, 보통은 과거 3년간의 성장률을 감안한 평가 기준이 통례이다. 하지만 이민기업에 관련된 자료 취득상의 어려움으로 인해 각 기업이 제공한 자료를 그대로 사용할 수밖에 없었다. 따라서 객관적인 평가를 하는 것은 어려웠기에 등급에 의한 우수기업 선발은 불가능하였다. 그러나 미국 경제 전문 잡지나 신문을 토대로 하여 언론에 보도된 기업의 우수성을 참작하여 최대한 객관성을 유지하고자 노력하였다.

다시 말해서, 이 책은 위와 같은 기준으로 선발된 9명의 이민기업가들에 관한 성공 사례를 본래의 기업가 정신 연구에 관한 틀 안에 정리해 넣음으로써, 세계화 시대에 걸맞는 기업가 정신의 새로운 틀을 만들어내는 데 기여하고자 한다. 그러나 여기서 필자는 이민기업가 정신을 독자적인 학문 이론으로 발전시키려는 오류를 범하지는 않을 것이다. 오히려 9명 이민기업가들 각각의 사례를 소개함으로써, 낯선 이국 땅에서 창업하여 커다란 성공을 거두기까지의 과정에서 보여준 이민기업가들 특유의 정신에서 많은 것을 배울 수 있게 되길 바라는 것이다.

미국은 사업가의 천국이다

경제 대국으로 불리는 미극의 신경제력은 세 가지 주요한 원인에서 찾을 수 있다. 즉, ⊙미국의 창의성 있는 교육제도, ②실리콘밸리의 새 기엽가 정신, ③세계화 경제 정책이 그것들이다. 그러나 여기에 부가되어야 할 것이 하나 더 있다. 이는 바로 미국이 '이민의 나라' 라는 점이다. 개척자 정신과 높은 성취 의욕으로 충만한 많은 이민자들이 미국에 들어와 경제 발전의 밑거름이 되어 주었고, 미국의 경제적 · 사회적 지도자로서 훌륭한 역할을 해내고 있다는 것은 중요한 사실이다.

1960년대 후반 미국 이민의 붐을 타고 새로운 곳에서 새로운 사업을 시작한 우리 나라의 이민 1세대 사업가들 역시, 벤처창업에 유리한 미국의 제도와 정서를 최대한 활용하면서 경제계 지도자로서의 커다란 영향력을 과시하였다. 이렇게 해서 궁극적으로는 한국의 국위를 선양하는 한편, 음양으로 한국 경제를 도와주는 역할도 함께 해내고 있다. 그러므로 이러한 교포 이민기업가들의 성공 사례는 기업가와 기업가 정신을 살펴보고, 더 나아가 이민 1세 기업가에 이어 장차 외국에서 또 다른 성공 신화를 창조해나갈 많은 후계자들에게도 좋은 자료가 될 것으로 확신한다.

신 현대적 기업가 정신의 표상

미국에서 이민자가 벤처기업가로 성공하는 것은 사고와 경영의 모든 면에서 완전한 미국인, 완벽한 벤처기업가가 되지 않고는 불가능하다. 나스닥 상장기업 자일랜의 전(前) 사장으로 한국에도 널리 알려진 김윤종 알카텔벤처스 사장은, 끊임없이 도전하고 자기변신을 시도한다는 점에서 가장 미국적이고 가장 벤처적인 사업가 중 한사람으로 손꼽힌다.

이민 초창기에 차고를 개조하여 '파이버먹스' 라는 전자부품 벤처업체를 설립한 때나, 접속장비업체인 자일랜 사를 설립했을 때, 또 자일랜 사를 프랑스의 알카텔 사에 최상의 조건으로 매각했을 때, 그리고 다시 알카텔벤처스 사를 설립, 벤처캐피털리스트로 변신한 것은 모두 이러한 도전정신에서 비롯된 것이다.

이처럼 평범한 한 청년이 이뤄낸 '아메리칸 드림' 은 성공적인 벤처경영자의 정신과 자질을 배우는 데 커다란 도움이 될 것이다.

김 윤 종

자일랜(Xylan) 사 / 김윤종

자일랜(Xylan) 사 *김 윤 종*

나스닥의 성공 신화

남부 캘리포니아는 전국 6개 주요 실리콘단지의 하나이며, 디지털 코우스트(Digital Coast) 지다 라고도 불린다.[1]

이 곳에 소프트웨어 · 인터넷 · 우주항공 사업 · 멀티미디어 회사들이 모여 새로운 첨단 산업 지역을 형성했다고 하여 그렇게 부르는 것이다. 미국의 대표적 벤처기업의 하나인 자일랜(Xylan) 사가 창업되고 성장한 곳도 바로 여기이다. 그리고 그 주인공 김윤종(미국명 스티브 김. Steave Kim) 사장은 신 현대적 기업가의 성공적인 표본이라고 할 수 있다.

1993년에 설립된 자일랜 사는 2년의 기술개발 기간을 거쳐 1995년 첫 선적을 시작하면서 네트워킹 업체 가운데 가장 빠르게 성장하는 사업체로 주목받기 시작했다. 1996년 미국의 시사주간지 〈타임〉 지는 초고속 성장 100대 기업 가운데 자일랜 사를 1위로 선정함으로써, 그

해의 333%라는 놀라운 성장률을 높이 평가했다. 또한 이같은 자일랜 사의 성과는 세계적 회계법인 언스트 앤 영(Ernest & Young)이 수여하는 올해의 기업인상을 김윤종 사장에게 안겨주기도 하였다.

한편, 1996년 3월 12일 급속도로 성장한 자일랜 사의 우수성을 증명하듯, 나스닥(NASDAQ) 주식시장에서는 놀라운 일이 일어났다. 자일랜 사가 주식을 공개하자마자 26달러 하던 주가가 그 날 하루 만에 두 배(108%)로 껑충 뛰어오른 것이다. 이는 주가 상승폭에 있어서 사상 네 번째의 기록이었다. 이로써 자일랜 사의 자산은 하루 만에 23억 달러로 늘어났고, 이것은 실리콘밸리의 한 신화적 모범 기업이 탄생하는 순간이었다.

<표 1-1> 자일랜 사의 연도별 실적

연 도	매출액(달러)	직원수(명)
1993	8,000	8
1994	44,300	44
1995	2,966,200	219
1996	12,845,600	425
1997	21,084,900	721

▶ 자료 : Xylan, 1997 Annual Report

새로운 꿈을 찾아 미국으로

"군 복무 시절, 매일 먹고 마시고 사용하는 군수품을 보면서 잘만하면 괜찮은 장사가 되겠다 싶었던 거죠."

이것이 바로 사업에 대한 최초의 접근이었다고 김윤종은 술회한다. 1969년 서강대학교 전자공학과 1회 입학생으로 대학생활을 시작한 그는 학업성적도 우수하고 동기들과 잘 어울리는 활발한 성격의 사람이었다. 당시는 박정희 대통령의 유신시대라 언론통제가 매우 심했고 학원소요를 철저히 통제하였지만, 김윤종은 자신의 과 학생들 앞에서 유신정책에 대항할 것을 주장하며 시위를 벌이기도 하였다. 이러한 행동은 당시로서는 매우 위험한 것이었지만, 그는 자신이 옳다고 믿는 신념에 대해서는 행동으로 그대로 실천해 보이는 용기 있는 사람이었다.

김윤종의 가정은 아버지의 사업 실패와 어머니의 지병으로 인해 줄곧 생활고를 면치 못하고 있었다. 형제 중에서 머리 좋고 공부 잘하는 김윤종만이 유일하게 대학을 졸업했을 정도였으니 말이다. 그러니 그가 대학을 졸업하여 회사에 입사한다고 해도 그의 신입사원 월급으로는 가족의 생계를 꾸려나가기도 어려운 형편이었다. 이때 먼저 미국에 가서 소규모 자영업으로 자리를 잡은 그의 큰 누님이 고국에서 힘들게 지내는 가족들의 짐을 조금이라도 덜어보고자 온가족의 미국 이민을 제안하였다. 결국 김윤종은 미국에 가면 자신이 꿈꿔 온 학문의 길도 열릴 것이라는 부푼 기대를 갖고 제2의 새로운 삶을 시작해 보겠다는 결심을 하게 되었다.

그러나 영어를 완벽하게 구사하지도 못했고 현지 사정에도 밝지 못했던 김윤종이 미국에 막 도착하여 할 수 있는 일이란 유통업체에서 박스를 운반하는 등의 단순노동뿐이었고, 이러한 일을 통해 얻은 수입은 시간당 4~5달러에 불과했다. 꿈 많던 공학도로서 성공에 대한 굳은 결심을 하고 결행한 초기의 이민생활에서 그와 그의 아내에게 주어진 보상이란 전혀 기대에 미치지 못하는 수준이었다.

얼마 후, 김윤종이 허드렛일에서 벗어나 자신의 전공을 살린 엔지니어로서 취업하고자 여기저기 직장을 수소문한 끝에 찾은 곳이 버로우즈(Burroughs) 사라는 중소기업이었다. 그러나 엔지니어로서 이렇다 할 실무 경험이 거의 없었던 그는 그곳에서도 엔지니어가 아닌 공장 라인의 기능공으로 배치되었다. 고국에서라면 일류대학 출신으로서는 상상할 수도 없는 대우였지만, 엄격한 자격조건을 요구하는 미국 기업에서 그의 대학 졸업장은 엔지니어로서의 직위를 얻기엔 턱없이 부족했던 것이다.

김윤종은 결국 엔지니어로서 안정된 삶을 살기 위해서는 미국 현지의 대학원에 진학하여 더 많은 공부를 해야 한다고 생각했다. 그는 곧바로 캘리포니아 주립대학의 대학원에 진학했다. 낮에는 기능공으로 일하고 밤에는 공부를 해야 했기 때문에 학교 근처에 월세 150달러짜리 비좁은 방을 얻어 아이들과 함께 생활했다. 고국에서도 이방에서도 고난은 그의 곁을 떠나지 않았지만 김윤종은 낙심하지 않았다. 미국에서 성공하기 위해서는 기초부터 새롭게 시작하는 것 외에는 달리 방법이 없었기 때문이다. 낯선 땅, 학업과 일을 동시에 병행해야 하는 주경야독의 생활은 너무도 힘들고 고되었다. 그러나 어떠한 시련도 엔지니어가 되어 꼭 성공하겠다는 그의 다부진 꿈을 꺾지는 못했다.

무작정 도미한 공학도의 벤처기업 도전

　이민 온 지 4년째가 되던 1979년, 김윤종은 드디어 공학석사 학위를 받고 대학원을 졸업하였다. 그리고 리튼(Litton) 사, 팔로(Pahlo) 사 등의 유명기업에서 비로소 엔지니어로서 컴퓨터 시스템을 설계하는 일을 할 수 있었다. 이때 그는 회사의 전체적인 업무 프로세스를 관찰할 수 있는 기회를 접하였는데, 생산공정이나 영업 및 연구개발 과정을 지켜보면서, 이 정도의 제품이라면 자신의 힘으로도 충분히 개발하고, 또한 사업운영까지 할 수 있을 것이라는 판단을 하게 되었다. 이때 그의 나이 35세였다.

　창업에 성공한다면 보다 나은 조건을 찾아 회사를 옮겨 다녀야 하는 불편함도 없을 것이고, 설령 사업이 잘못된다고 해도 그의 젊음과 패기로써 얼마든지 새로운 기회를 잡을 수도 있을 거라고 생각했다. '어디 한번 도전해 보는 거야' 라는 마음이 발동했다.

　김윤종은 같은 한인 이민자로서 직장에서 친분을 쌓은 세 명의 동료와 함께 뜻을 모아 공동 투자 형식으로 벤처기업, '파이버먹스(Fibermux) 사'를 창업하였다. 사업 아이템은 자신들에게 가장 익숙한 통신장비 분야의 제품을 개발하는 것으로 정하였다. 사실 처음 창업을 구상할 당시 김윤종은 특별히 모아 놓은 자금이 없어 고심했다. 그러나 뜻밖에 사업구상을 들은 그의 부인이 그동안 남편 모르게 생활비를 절약하여 모아놓은 돈 5천 달러를 선뜻 내놓은 것이다. 1984년, 김윤종 인생에 있어서 첫 번째 모험은 이렇게 시작되었다.

　'실리콘밸리 벤처기업은 차고에서 시작되었다' 는 신화에서처럼,

파이버먹스 사 역시 창문도 없고 환기도 되지 않는 차고에서 시작되었다. 처음에는 특별한 기계도 없이 연필과 펜만을 사용한 수작업으로 모든 일이 진행되었다. 그러나 설계·컴퓨터 기호마저도 이런 식으로 일일이 써가며 애써서 개발해낸 신제품은 성과도 경력도 없다는 이유로 투자가들에 의해 외면당하기 일쑤였다. 게다가 애초부터 턱없이 부족했던 자금도 바닥을 드러내기 시작했다. 결국 그들은 창업투자회사를 찾아다니며 자금 조달에 나서야만 했고, 가까스로 30만 달러의 자금을 지원받게 되었다.

정말 한푼도 아끼고 또 아껴 썼다. 한 사람의 인건비라도 절약하기 위해 경리, 은행업무, 비서 등의 일반관리업무는 김윤종의 부인이 모조리 도맡아 했다. 그러나 문제는 마케팅 업무였다. 김윤종은 고민을 거듭하다가 마케팅만큼은 영어에도 능통하고 그 분야에 있어서 전문성을 가진 미국인에게 맡기는 것이 효율적이라고 생각하여 전문 마케팅 직원을 채용하는 데 과감히 많은 비용을 투자하였다.

이 생각은 적중했다. 현지인에게 영업을 맡기고부터 매출은 눈에 띄게 늘어나기 시작했고 자금사정도 좋아지기 시작했다. 시장에 생산품을 내놓고 난 첫해에는 80만 달러의 매출을 겨우 달성하는 정도에 그쳤지만, 이후 파이버먹스 사는 창업 7년 만에 5천만 달러의 매출을 달성했을 정도로 비약적인 성장을 하게 되었다. 이는 장차 벤처기업가로서의 김윤종 사장의 커다란 성공을 예감케 했다.

그는 이러한 성취에 자신감을 갖고 자금 조달을 위해 처음으로 상장기업 주식 공개를 기획했다. 그런데 공교롭게도 미국이 걸프전쟁에 개입하면서 증권 동결 사태가 발생했다. 그는 하는 수 없이 5천4백만 달러에 파이버먹스 사를 ADL 사에 매각하기로 결심하였다. 이렇게 해서 창업에 대한 그의 첫 시도는 1991년에 마무리되었다. 그러나 이는 도전하는 젊은이가 만들어낸 성공적인 벤처의 한 사례로 기록되기에 충분한 것이었다.

자일랜 사의 창업

김윤종 사장은 첫 사업에 지친 몸을 휴식으로 달래면서 또 다른 창업 구상을 하였다. 그리고 1993년 개척적 기업가 정신을 발휘하여 두 번째 회사인 자일랜 사를 창업하게 되었다. 자일랜 사는 스위칭(switching) 기술이 미래 컴퓨터 네트워크의 중추적인 기술이 될 것이라고 예견하여, 통합스위칭시스템을 개발하는 회사로 출범하였다.

그는 도전이야말로 젊은 기업가의 가장 기본적인 요건이라고 생각하는 사람이었다. 이같이 끊임없이 도전하는 그의 개척자 정신과 젊은 정열은, 그에게 다시 한 번 창업에 대한 모험심을 발휘하게 하였고, 기왕이면 남보다 한 발 앞서가는 최고 기술을 개발하는 기업을 창업하기로 결심하게 한 원동력이었다. 창업 자금은 파이버먹스의 매각 대금 중 일부와 3개의 창업투자회사들로부터의 지원금으로 마련하였다. 그러나 자일랜 사가 크게 성공하기까지는, 유망한 벤처기업을 선정하여 경제적인 지원은 물론 경영상의 자문까지 전문적으로 해주는 앤젤투자가를 만난 것이 결정적인 도움으로 작용하였다. 이렇듯 김윤종 사장의 주변에 그의 성공을 도운 조력가들이 있었던 것은, 그의 재능과 비전을 미국의 투자가들도 인정하기 시작했음을 증명하는 것과도 같았다.

<표 1-2> 자일랜 사의 주요 고객 명단

금융 분야	제조 분야
· 아에트나 사(Aetna) · 프루덴셜 사(Prudential) · 에퀴터블 사(Equitable) · 제너럴 액시던트 사 　(General Accident) · 리버티라이프 사(Liberty Life)	· 쓰리엠 사(3M) · 에어로스페이스 사 　(Aerospace Corp.) · 에이앰디 사(AMD) · 봄바디어 사(Bombardier) · 후지쓰 사(Fujitsu) · 휴스 사(Hughes) · 록히드 마틴 사(Lockheed Martin) · 미쓰비시 사(Mitsubishi) · 프랫 앤드 휘트니 사 　(Pratt and Whitney) · 선마이크로시스템스 사 　(Sun Microsystems) · 유니시스 사(Unisys) · 폭스바겐 사(Volkswagen)
정부기관	
· 미 육군(U. S Army) · 미 에너지자원부 　(Department of Energy) · 미 사회보장관리국 　(Social Security Admin) · 미 공군(U. S. Air Force) · 미 해군(U. S. Navy)	

한편 자일랜 사는 알카텔(Alcatel), 애닉스터(Anixter), 아이비엠(IBM), 유니시스(Unisys) 등과 협력관계를 맺고, 당시 주요 경쟁사인 시스코(Cisco), 베이(Bay), 쓰리엠(3M)이 주도하던 시장을 쟁취하는 기업으로 도약하였다. 비록 초기에 회사의 규모는 작았지만 전반적인 스위칭 서비스를 모두 제공하는, 특히 고속스위칭시스템을 완전 제공하는 기업으로 탄생한 자일랜 사의 성장 속도는 매우 빨랐고, 고객도 점차

〈표 1-3〉 자일랜 사의 주요 상품

- 옴니스위치

자일랜의 대표적인 장비. Omni-9wx, Omni-5wx, Omni-3wx의 세 가지 슬롯을
제공하는 모듈러 장비로서, 다른 어떤 스위치보다도 다양한 인터페이스 옵션을 제
공한다. 따라서 추가 인터페이스가 필요할 때 여유 슬롯에 모듈을 추가하기만 하면
되므로 투자 보호를 할 수 있다.

옴니스위치는 최대 64개의 ATM OC3 포트를 제공할 수 있는 LAN 스위칭 능력
및 최대 64포트의 WAN 포트를 제공할 수 있는 WAN 스위칭 능력을 갖고 있다. 한
편, 스위칭당 최대 2,097,152의 대용량 셀 버퍼를 제공하고 있고, ATM 스위칭 기능
을 각 ATM 스위칭 모듈로 분산하여 ATM 장비의 안정성을 극대화하였다.

- 옴니스위치/라우터

기존 옴니스위치에 기가 비트 업링크 모듈을 지원하며, 완벽한 호환성을 구현하
는 기가 비트 이더넷 스위칭 모듈이다. 이것은 레이어-2, 레이어-3, 레이어-4를 제공
하는 멀티 레이어의 기가 비트 스위칭 플랫폼으로서 첨단의 고기능을 갖고 있다.

과중한 네트워크 수요를 갖는 백본 스위칭 환경을 지원하기 위해 23Gbps의 분
산 스위칭 패브릭을 탑재하고 있으며, 기가 비트 이더넷, 패스트 이더넷, 토큰링,
ATM 업링크, WAN 업링크, SONET 상으로의 패킷 전송 등을 포함한 일련의 인터
페이스 옵션을 제공한다.

- 옴니스텍

업계 최초의 멀티 레이어 스택커블 워크그룹 스위치. 하이-엔드 스위치의 고기능
성을 갖고 있으면서도 저가격의 소형 워크그룹 스위치인 옴니스텍 시리즈를 출시함
으로써 소형 워크그룹 스위치의 개념을 혁신하였다. 이를 위하여 하이-엔드 스위치
의 전유물로 생각되었던 고기능의 VLAN, 라우팅, 레이어-3 스위칭, 파이어월, 패스트
이더넷/기가 비트 이더넷 업링크, ATM 업링크 등의 기능을 소형 워크그룹 스위치에
탑재시켰다. 따라서 자일랜의 소형 워크그룹 스위치를 이용하면 실질적인 스위칭 네
트워크의 성능을 향상시키고 네트워크를 저비용으로 운영할 수 있다.

늘어나 주위의 높은 관심을 사기 시작했다. 자일랜 사로부터 서비스를 받는 유명기업들을 보면 〈표 1-2〉와 같다.

또한 그는 자신의 목표대로 대역폭의 스위칭 기술인 랜(LANs), 비동기식 전송(ATM), 라우팅(Routing), 완(WANs), 네트워크 운영 등 최고의 기술을 개발하고, 미국, 유럽, 아시아, 그리고 남미 등 전세계에 주요 시장 판매 거점을 구축하였다. 자일랜 사 성공의 일등 공신으로서 스위칭 기술을 이용한 주요 상품들을 살펴보면 〈표 1-3〉과 같다.

신 현대적 기업가 정신의 표상

미국은 온통 정보통신 산업의 열풍이 휩쓸고 있다. 컴퓨터 산업에서부터 통신 산업의 전산화, 그리고 인터넷으로 이어지는 관련 산업들에서의 첨단 기술 개발이 매우 활발하게 일어나고 있다. 이렇듯 실리콘밸리 기업가 정신이 주도하는 정보통신 산업의 변화·발전을 통칭하여 제3차 산업혁명이라고 한다. 한 마디로 실리콘밸리 기업가 정신이란, 정보통신 산업 경제를 건설하며 미국의 신경제를 주도하는 놀라운 기업가 정신을 뜻하며, 지금까지 기존의 이론으로서 설명할 수 없는 신 현대적 기업가 정신의 본질 개념을 뜻하는 것이다. 그러므로 이는 기업가 정신의 다섯 가지 본질적 개념[2]에, 적어도 네 가지의 새로운 개념을 추가하여 설명해야 할 것이다.

즉, 기존의 고전적인 기업가 정신이란 ①비전과 꿈을 갖고 창업하는 행위, ②이노베이션, ③모험 감수와 도전적 추진력, ④전문경영인과의 협동으로 우수기업 만들기, ⑤변혁적 리더십이었다. 지금까지는 이상의 다섯 가지 개념으로 복잡하고 변천적인 새로운 현상까지도 설명해 왔으며, 이것이 통설로 받아들여져 왔다. 그러나 지금 미국의 신경제 자체가 기존의 경제 이론으로는 설명하기 힘든 새 학리를 요구하고 있기 때문에 기업가 정신의 정의 역시도 새로운 본질적 개념으로 다시 설명되어야 할 것이다. 이러한 전제하에 필자는 실리콘밸리의 신 현대적 기업가 정신으로 다음의 네 가지 개념을 추가하여 제시하고자 한다.

즉, 이것은 ①산학 협동, ②창업에서 우수기업으로의 성장 연한을 단축시키거나 계속적인 창업을 유도하는 한편, 기업간 M&A를 긍정적으로 받아들이는 연쇄적 창업 기업가 정신, ③전통적으로 유지되어 왔던 국가 단위의 지역적 개념에서 벗어난 국제화/지구촌 지향성, ④평등을 강조하는 새로운 민주주의 개념으로서, 이제까지 소외되어 왔던 계층에 많은 기회를 부여하는 탈(脫) 성차별·인종차별적인 민주적 가치 지배이다.

김윤종 사장과 그의 자일랜 사는 바로 이러한 신 현대적 기업가정신에 독철했던 모범적 사례이다. 따라서 자일랜 사와 김윤종 사장의 경영방식에 관한 분석은 21세기형 기업가 정신의 모델을 살펴보는 데 더없이 좋은 사례가 될 것이다.

우수기업 자일랜 사의 특질

자일랜 사를 연구하는 과정은 실리콘밸리의 기업 문화와 기업가 정신의 특질을 배운다는 착각을 일으키게도 한다. 김윤종 사장과 우수기업으로서의 자일랜 사의 특질을 알아보자.

첫째, 비전·제품·판매 전략의 3대 요소에서 뛰어난 상품을 개발하는 전략이 우수하다. 장래가 유망한 첨단 기술 기업으로 정평이 나 있는 자일랜 사는, 다음과 같이 각 벤더(Vendor)의 비전을 비교·분석한 표에서 가장 높은 비전을 제시하고 있는 것으로 나타났다.

〈표 1-4〉 1997년 하반기 캠퍼스 LAN 스위치 벤더의 비전 비교 분석

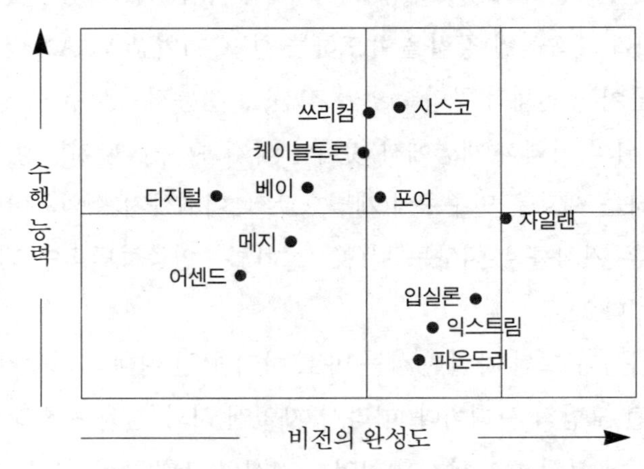

한편 첨단 기술의 생명은 앞서가는 기술 개발이다. 실리콘밸리는 순간순간 시간을 다투는 가운데 비전과 혁신에서 승부를 거는 강도 높은 경쟁터이다.

"벤더가 어떠한 이유에서든 최소한 18개월마다 제품 용량을 높이는 데 실패했을 때에는, 그 날을 달력에 표시하십시오. 바로 그 날부터 벤더는 무덤을 향해 걸어가기 시작한 것이기 때문입니다."

21세기형 기업가 정신의 핵심은 기술 개발의 무한 속도 경쟁 속에서 살아남기 위해 혁신을 극대화시키는 기술제일주의를 지향하는 것이라고 믿는 김윤종 사장의 말이다. 이것은 끊임없는 기술 개발만이 세계적인 우수기업을 만들어가는 경영 전략이라고 하는 인텔 사 그로브 회장의 생각과도 일치한다.

이렇듯 높은 비전을 제시하며 남보다 더욱 빠르게 우수한 기술을 개발해내는 자일랜 사에서 생산하는 제품은 그만큼 우수할 수밖에 없었다. 자일랜 사는 모든 기술과 제품을 자체적으로 개발·제공하는 유일한 네트워크 벤더로서, 동일한 기술과 개발 개념이 내재된 일관성 있는 제품군을 제공하고 있다. 따라서 하나의 스위치에서 LAN, WAN, ATM 스위칭 기술을 가장 완벽하게 통합·구현하고 있으며, 고객이 가장 간단하고 최상의 확장성을 지닌 스위칭 네트워크를 구축할 수 있도록 하는 데 선구적인 해답을 제시하고 있다.

둘째, 창업에서부터 우수기업이 되기까지 그 성장과정에는 철저한 실리콘밸리 기업가 정신이 크게 작용하였다. 예를 들어, 자일랜 사가 실천한 실리콘밸리 기업가 정신의 특질 가운데 몇 가지를 실사례를 통해 소개하면 다음과 같다. ①우수한 대학교를 졸업한 창의적 두뇌를 가진 공학도가 비전과 꿈을 실현코자, ②차고에서 소액의 벤처 자금을 가지고 땀을 흘리며 창업하여, ③밤낮을 가리지 않고 헌신적 노력을 경주해 온 가운데 혁신제일주의를 실천하고, ④산학협동을 통해 신제품 개발에 꾸준한 창의성을 발휘하였으며, ⑤인종차별·성차별 없이 모든 두뇌 인력과 협동하여 기업을 육성·발전시켜 갔다. 그리고 ⑥M&A 전략으로 자기가 키운 회사를 기존 기업에 매각하여 큰 이득을 얻어내고, 다시 새로운 상품을 만들어내기 위한 새 기업을 창업하면서 기업가로서의 정열과 창의성을 발휘하였다. 이러한 점에서 김윤종 사장의 두 개의 벤처 기업, 파이버먹스와 자일랜의 창업과 매각은 전형적인 실리콘밸리 기업가 정신의 특질에 거의 100% 가까운 모범적인 사례라고 할 수 있다.

김윤종 사장은 위와 같이 이민기업가로서의 공통적인 특성들을 모두 갖추고 있으면서 또한 몇 가지 특이한 사항을 갖고 있었다. 먼저, 그의 회사 이름부터가 특이하다. '자일랜' 이란 회사명은 발음하기도 쉽고 남이 쓰지 않는 독특한 이름을 만들기 위해 사전에서 찾아낸 이름이었다. 그런가 하면, 주경야독하던 고학생으로서의 고생한 흔적이나 사생 결단의 모험가와 같은 개척자의 억센 인상이 그에게는 보이지 않는다. 오히려 온화하고 부드러운 인상을 갖고 있는 그의 외모는 인본주의 경영을 핵심으로 하는 그의 리더십에 긍정적인 효과로 작용하였다. 또한 한국에서 대학을 나온 유학생 출신으로서, 쟁쟁한 미국의 경쟁자들을 따돌리는 발명 및 혁신을 해냈다. 특히 대학 시절에 경영학 수강 한 번 하지 않았던 그는, 경영은 단순 기초교육과 상식만으로도 잘 해낼 수 있다는 자신의 말을 증명한 셈이 되었다.

셋째, 인본주의 경영철학을 토대로 하여 경영인의 자발적인 협동심을 유발시키는 리더십, 즉 변혁적 리더십을 김윤종 사장의 중요한 성공 요소로 지적할 수 있다. 여기서 그가 실천한 변혁적 리더십이란, ①기술 혁신을 위한 창의성을 주축으로 하여 꾸준한 연구 개발에 전 자산을 과감하게 투자(모험 투자)하여 협동자들에게 신뢰감과 자신감을 심어주는 한편, ②시장에서 차별화된 집중 공략을 시도하고, 시장 개척

전문가와의 협동을 이끌어내는 능력을 발휘하는 것을 말한다.

스스로도 이러한 인본주의 경영철학과 전략이 성공의 비결이라고 말하는 그의 우수기업 만들기는 실제로 사람에 대한 배려를 최우선으로 하였다. 요컨대 ① 직원들에게 주식 배분(stock option)의 혜택을 주어 회사가 잘 되면 직원들 개개인도 함께 부자가 되도록 하여 회사와의 일체감 및 주인의식을 갖게 하였고, ② 인본주의, 즉 사람이 회사를 성공시킨다는 경영철학으로 직원들에게 최상의 근로 조건을 제공하기 위해 노력하였다. 그 예로서 자일랜 사는 직원들에게 점심 및 저녁을 무료로 제공하고 체육 시설을 마련하는 등의 복지 혜택을 제공하였다. ③ 사장 이하 모든 직원들이 건전한 상식과 전문 지식을 겸비하도록 노력하면서 언제나 서로 의논하고 대화하는 가운데 끊임없이 변화·발전하는 기업을 만들어왔다.

이처럼 김윤종 사장은 끊임없이 도전하고 자기변신을 시도하는 기업가 정신을 실천하기 위해 매일같이 열심히 일해 왔고, 또한 다른 사람들도 자연스럽게 회사에 최선을 다할 수 있도록 하는 리더십을 발휘하는 데 많은 노력을 기울였다.

기업가로서의 김윤종

자일랜 사는 관공서 프로젝트, 교육망·금융망 등의 비동기식 전송(ATM)과 기가 비트 인터넷 네트워크에 주력하는 회사로서, 끊임없는 연구개발로 첨단기술 개발 회사 가운데 선구적인 위치를 차지하였다. 기술 혁신과 판매망에 주력하는 전략을 핵심으로 하여 급성장 기업으로 주목받게 된 자일랜 사는 1999년, 프랑스의 세계적인 통신장비 회사인 알카텔 사에 의해 무려 20억 달러에 인수·합병되어 많은 사람들을 놀라게 했다.

프랑스의 대기업 알카텔 사는 연간 매출액이 250억 달러를 넘는 세계 여섯 번째의 거대 기업으로서, 미국 시장 진출의 발판을 마련하기 위한 전략의 일환으로 자일랜 사의 인수·합병을 성사시켰다. 이로써 자일랜 사는 대기업의 반열에 합류하여 연 10억 달러의 매출을 기록하는 하이테크 기업으로 더욱 발전할 수 있었다. 이에 대해 국내외의 주요 언론들은 자일랜 사의 초고속 성장을 높이 평가했고, 특히 〈LA 타임스〉는 '후발 주자라 해도 과언이 아닌 자일랜 사가 기존의 대기업 경쟁자들을 물리치고 초고속 성장으로 이들을 앞서가기 시작했다'고 크게 보도하였다.[3]

또다시 새로운 시작, 알카텔 벤처펀드

그러나 세계적 거부대열에 올라 경영 능력을 인정받은 김윤종 사장은 뜻밖에도 더 이상 경영인으로 남고 싶지 않다는 말을 했다. 그는 프랑스인 후임자에게 알카텔 사의 사장직을 일임하고, 기업가로서의 자신의 경험을 살려 더 나은 경영 능력을 가진 사람들이 제2의 자일랜 신화 창조를 이루어낼 수 있도록 돕는 일에 나섰다. 이렇게 해서 1999년 12월, 알카텔과 김윤종 사장이 공동출자하여 약 1억 2천만 달러의 자본으로 '알카텔 벤처펀드(Alcatel Venture Fund)'를 설립하였고, LA를 비롯하여 실리콘밸리의 산호세(San Jose), 미 동부, 서울 등 네 곳에 사무실을 개설하였다.

이 회사는 무선과 반도체, 소프트웨어 등의 기술관련 기업에 대한 투자에 초점을 맞추되 단순히 투자만 하는 것에 그치지 않고, 변호사와 회계사 등의 전문인력을 통해 마케팅, 자금운영, 인사관리 등 경영의 각 분야에도 지원을 아끼지 않고 있다. 또한 기존 벤처펀드들이 5~10억 달러의 자금을 갖고 기존 업체들에 대규모 투자를 하는 반면, 이 회사는 무(無)에서 유(有)를 창조한다는 각오로 유망 신생기업을 찾아 집중투자하고 있는 것이 색다르다.[4]

> "철저히 준비하고 한발 앞을 내다보는 사람에게는 기회가 주어진다는 생각으로 열심히 일했습니다."[5]

김윤종 사장은 창업에서 중소기업의 길을 택하되 이를 성장시켜 기존 우수 대기업에 인수·합병되도록 하는 전략을 시도함으로써 신 현대적 기업가 정신을 실천한 선구자적 기업가의 모범사례로 남게 되었다. 또한 그는 대기업 속의 사내기업가로서 책임경영을 실천한 것이 또 하나의 성공 비결이었음을 보여주는 새 시대의 기업가, 즉 연쇄적 창업 기업가의 표본이기도 하다.

그의 성공은 여러 가지 면에서 우리에게 시사하는 바가 많다. 국내 대학을 마치고 도미하여 주경야독으로 석사학위를 마친 뒤, 미국에서 30대 중반까지 샐러리맨 생활을 했다는 평범한 이력이 우선 놀랍다. 번뜩이는 천재성과 창의력을 가진 젊은이, 또는 뭔가 남다른 비상함을 지닌 사람들만이 승부를 걸어볼 수 있는 곳이 실리콘밸리라는 대중적 인식을 그의 존재가 뒤집고 있기 때문이다. 토마스 에디슨이 말했듯이 과연 천재는 1%의 영감과 99%의 땀으로 이룩됨을 그로부터 확인하게 된다.

워싱턴의 '영웅기업가'

"24시간 편의점에서 일하던 한국 이민자가 아메리칸 드림을 이뤘다."

미국의 명문 언론 〈워싱턴포스트〉 지는 김종훈(미국명 정 김, Jeong Kim) 사장을 이렇게 대서특필했다. 이 신문은 김종훈 사장이 어려운 이민 생활의 밑바닥에서 시작하여 결국 '아메리칸 드림' 을 성취해낸 모범기업가이며, 이 곳 워싱턴에서 자라난 영웅기업가일 뿐만 아니라 기회의 나라 · 자유의 나라인 미국의 자랑이라며 대단한 호평을 했다.

김종훈

유리시스템즈(Yurie Systems) 사 / 김종훈

김 종 훈

도미니온밸리의 새로운 거인

실리콘밸리가 태동한 곳으로 알려진 미국 서해안 산호세 지대는 1971년 한 언론인이 '전자통신 첨단기술 기지'라고 부르기 시작한 이래, 여러 가지 명칭으로 특별화·구별화되어 왔다. 이 가운데 워싱턴, 버지니아 일대를 지칭하는 도미니온밸리(Dominion Valley)는 ACL, 네스케이프, IBM 등의 디지털 기업과 MCI를 비롯한 텔레컴 관련 기업들이 모여 있는 첨단 산업의 새로운 메카이다. 김종훈 사장의 벤처기업 유리시스템즈 사가 바로 이 곳에서 태어났고, 김종훈 자신도 이 곳에 이민 와서 고등학교, 대학교 및 대학원 시절을 보냈다. 따라서 도미니온밸리는 김종훈 사장의 제2의 고향이라고 할 수 있다. 그리고 이제 그는 이 지역의 경제권 판도를 바꿔나가는 새롭고 젊은 경제개혁자로서 워싱턴의 거인이 되었다.

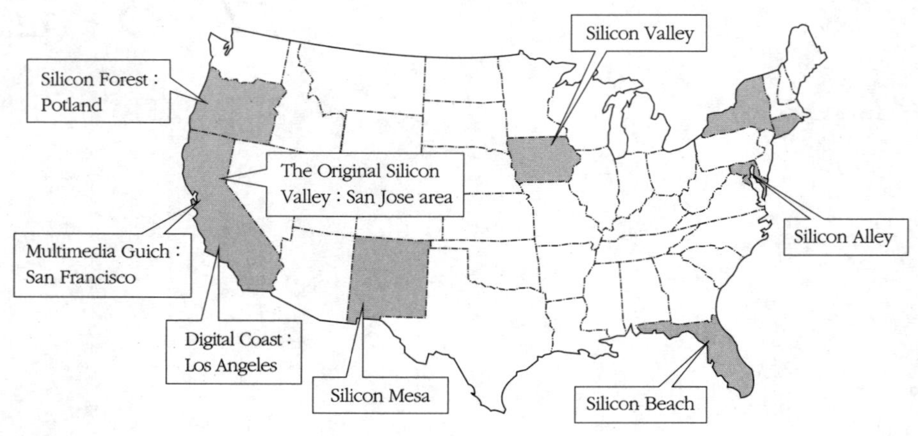

〈표 2-1〉 미국 전역의 주요 실리콘밸리

한인 이민 1세 정보통신 기업가로서 김종훈 사장의 명성은 유난히 높다. 미국에서의 그의 명성을 증명하듯 1998년, 〈워싱턴비즈니스〉 지는 지역 경제를 이끌어갈 새로운 기업가 9명을 표지에 소개하면서 성공적인 이민기업가로서 유리시스템즈 사의 김종훈 사장을 선정했다.[1] 미국의 신경제를 주도하는 정보통신 산업의 주역으로서 탁월한 기업가 정신을 발휘하고 있는 사람들 가운데 워싱턴 지역을 대표하는 이민기업가는 단연 김종훈 사장이었던 것이다. 그런가 하면 1999년, 한국에서는 김종훈 사장에게 자랑스러운 이민자에게 주는 '이민성취상'을 수여하기도 했다.

김종훈 사장은 오늘의 성취를 위해 어려서부터 남다른 미국화 과정을 밟아왔고 고학의 어려움도 겪었다. 사실 그에게는 과거 고학생 시절과 벤처기업가 시절은 물론, 현재의 성공한 이민기업가로서의 생활 모두가 다 밤잠 아껴가며 살아온 바쁜 나날이었다. 앞으로 1년간의 스케줄이 벌써부터 꽉 차 있을 뿐만 아니라, 자신의 집과 현재 근무처인 루슨트테크놀로지 사와는 다소 거리가 먼 탓에 회사 비행기를 자주 이용한다는 것만 봐도 그가 얼마나 바쁜 사람인지 짐작할 만하다.

이러한 그는 한인 이민기업가로서의 성공적인 위상으로 참다운 기업가란 무엇인가, 그리고 성공한 기업가 정신의 특질이 무엇인가를 가르쳐주는 인물이다. 이러한 이유로 인해 김종훈 사장은 경영학도가 이민기업가들을 연구하는 데 있어서도 매우 좋은 사례로 손꼽힌다.

땀이 자산이다

김종훈 사장은 미국의 명문 존스홉킨스(Johns Hopkins) 대학교에 장학생으로 입학하여 전자공학과에서 컴퓨터 분야로 석사학위를 받았다. 하지만 그 과정은 결코 순탄치만은 않았다. 서울에서 태어나 숭덕 초등학교를 졸업하고, 고려 중학교 2학년 시절인 1975년도에 그의 가족과 함께 미국으로 이민을 오게 되었다. 당시는 이민 초창기였기 때문에 주변에 도와주는 사람도 없었고, 14살의 한국 소년이 미국 학교에 다니며 겪어야 하는 시련은 생각보다 훨씬 큰 것이었다.

메릴랜드 주의 옥손힐 고등학교 시절, 가난하고 영어 못하는 이민 1세 학생의 생활이란 공부를 따라가는 것만으로도 너무 힘들었다. 그럼에도 방과 후에는 시간을 아껴서 일을 해야만 했던, 그 시절의 고학생 생활이란 그야말로 주경야독(晝耕夜讀)의 나날이었다. 어린 학생의 일이란 심부름 수준의 점원, 배달 등이 고작이어서 그는 밤에는 편의점에서 일하고, 주말에는 잔디깎기와 신문배달 등의 일을 하며 틈틈이 공부했다. 그는 자신의 강한 신체와 결코 게을러질 수 없는 강인한 의지는 이러한 환경에서 비롯되었다고 말한다. 그러나 매일같이 너무나 피곤했던 탓에 오토바이를 운전하고 가던 어느 날, 그는 구사일생의 사고까지 낸 적도 있었다. 졸음으로 인해 오토바이가 경찰차와 충돌하여 공중으로 떴다 떨어지는 큰 사고가 난 것이다. 오토바이가 모두 망가지고 헬멧은 반쪽이 났지만 천만 다행히도 큰 상처를 입지는 않았다. 그는 이 때의 행운을 지금도 잊지 못한다.

미국으로 이민 온 뒤 학교에서는 '영어발음이 이상한 동양인' 이라고 무시당했다. 그에게는 이런 식의 놀림이 무엇보다도 참기 힘들었다. 육체적인 피로보다 정신적인 스트레스 때문에 코피를 흘리는 날이 많았을 정도였다. 하지만 그러면 그럴수록 그는 자신의 존재를 '증명'해 보이겠다는 결심을 불태웠고, 결국에는 우등생으로 학교를 졸업할 수 있었다. 이러한 강인함은 훗날 성공하는 기업가 정신의 자질로 키워져 갔다.[2]

한편 점심에는 어렵고 가난한 학생에게 국가가 주는 혜택(결식아동 식권)이 있었다. 그러나 어린 그의 자존심은 그것을 편히 쓰도록 스스로를 허락하지 않았다. 그래서 차라리 굶는 편이 낫다는 생각으로 홀로 배고픔을 달랬던 기억도 있다. 그는 어렸을 때 미국의 빈민촌으로 이민해 오던 날부터 코피를 쏟아가며, 낮에는 학교에 가고 밤에는 일을 해야 하는 힘든 생활을 보내야 했다. 하지만 잠이 모자라 사고까지 내면서도 결코 질 수 없다는 당당한 자존심으로 그 시절을 치열하게 살아내었다. 한때는 너무나 힘들어 고교 중퇴의 생각도 했었다. 하지만 그의 수학교사는 영리하고 수학에 뛰어난 그가 마음을 돌릴 수 있도록 은사의 정을 보여 주었고, 그가 중퇴 결심을 바꿔 계속 공부를 해

냄으로써 결국엔 우등생으로 졸업하는 영광을 안을 수 있게 도와주었다. 그는 그 은사를 잊지 않고 훗날 유리시스템즈 사 창업팀으로 모셔오는 인연을 맺어 은혜에 보답하고자 했다. 즉, 유리시스템즈 사가 루슨트테크놀로지 사에 의해 매각될 때 스톡옵션의 형식으로 유리시스템즈의 지분을 갖고 있던 사람들이 모두 커다란 부자로 되었는데, 덕분에 그의 은사에게도 하루아침에 백만장자가 되는 행운을 안겨줄 수 있었던 것이다.

집안의 어려운 경제사정 때문에 그는 밤낮을 가리지 않고 일을 했다. 그리고 부족한 영어 실력으로 인해 강의를 따라갈 수 없을 때면 도서관에 가서 책을 정독하는 열정으로 강의내용을 소화해 내었다. 그는 이러한 열의야말로 성공적인 이민 생활의 비결임을 이민 오는 한인들에게 조언하기도 한다. 그리고 공부를 잘 하는 것도 중요하지만, 또한 스포츠 등의 과외 활동[3]을 잘해야만 친구들을 사귈 수 있으며 성공적인 학교 생활이 가능하다고 말한다. 그러고 보면 이민 초창기에 누구나 겪기 마련인 외톨이라는 핸디캡은 이를 극복하려는 배가의 노력을 쏟는 이민자의 몫이라는 것을, 김종훈 사장의 학창시절은 가르쳐 주고 있다.

한 마디로 그는 별종·독종의 노력형 수재였다. 그가 택한 첫 직장은 미 해군이었으며, 여기에서 그는 통신장교로서 핵잠수함에 근무하였다. 가장 우수한 사람만이 선발되는 미 핵잠수함의 가족이 된 후, 그는 잠수함의 최첨단 설비를 직접 접하고 군 통신장비를 가까이 하면서, 훗날 통신 계통의 기업가가 되겠다는 꿈을 키워나갔다. 그는 여기에서 6년간의 근무를 마친 뒤, 아내의 권고를 받아들여 메릴랜드 대학원에 진학하였고, 이 곳에서 2년 만에 공학박사 학위를 받아내는 실력을 과시하기도 했다. 남들은 보통 7~8년이 걸리는 학습 과정을 3년 이상 단축해 버린 것이다. 이렇듯 언뜻 보아 타고난 수재로 보이는 그가 자신의 성공 비결이라고 말하는 것은 다름 아닌 '땀이 자산이다' 라는 것이다. 이러한 교훈을 생활 속에 그대로 실천했던 그는, 이민 1세가 겪게 되는 어려움에 정면승부를 거는 패기와 솔선수범의 노력이야말로 다른 사람과의 경쟁에서 이기는 힘이라고 말한다.

미국 최고의 급성장 중소기업

"그는 무엇을 하더라도 성공할 사람이다. 또 마음만 먹으면 해낼 수 있는 성취 지향성이 높은 행동 실천가이다."

이는 한때 은사였던 단부리튼 씨가 김종훈을 가리켜 한 말이다.

김종훈이 생각하는 미래는 통신혁명이 주도하는 사회였으며, 그에게는 새로운 기술혁명을 위한 기업가 정신의 열기가 솟아나고 있었다. 그는 장래에 대한 비전의 무한한 가능성을 믿고 있었다. 이러한 꿈을 현실로 만들기 위한 노력은 1992년 메릴랜드 주 랜드오버(Landover)에서 큰딸의 이름을 따 유리시스템즈 사를 창업하도록 하였다.

그 출발은 최첨단 기술 교환 장비인 비동기전송(ATM) 교환기의 제작·판매였다. 주당 40센트의 액면 주식 4천주를 밑천으로 한 신생 모험 기업이 시작된 것이다. 비전과 기술을 자산으로 하고, 고학생 시절을 견뎌낼 당시 하루 2시간 정도의 수면으로도 버텨나가던 열정으로 키워낸 기업가 기질, 즉 강인함과 꾸준한 노력이 또 다시 이 어려운 시절을 버티게 해주었다.

유리시스템즈 사의 핵심기술인 ATM 교환기는 통신망에 음성통신, 비디오, 그리고 기타 정보를 동시에 소통시킬 수 있는 새로운 발명품이었다. 이것이 파격적인 수요를 창출하기 시작하면서부터 유리시스템즈 사는 지속적인 급성장 기록을 세워가며 이 분야에서 선풍을 일으켰다. 사실 ATM이 오늘날에는 세계 표준으로 자리잡았지만, 당시에는 그 사업성이 매우 불투명한 것이었다. 그러나 남들이 하지 않는 틈새 기술을 먼저 개발한 김종훈 사장은 결국 오늘날 ATM 시장의 강자로 떠올랐다.

그 덕분에 유리시스템즈 사는 1997년 총수입 5,106만 달러라는 기록을 세우기도 하였다. 이것은 전년도와 비교하여 135% 이상의 놀라운 증가율을 보인 것이었다. 이 중에서도 스플릿록(Splitrock), 베이네트워크(Bay Networks), 에이티앤티(AT&T), 그리고 에릭슨(Ericsson) 사에 대한 공급이 총수입의 75.6%를 차지하는 등 상품의 수요가 점차 대기업 위주로 전환되기 시작했다는 것은 좋은 징조가 아닐 수 없었다. 또한 총수입이 증가함에 따라 이윤 역시도 1996년의 1,318만 달러에서 1997년에는 3,137만 달러로 증가하는 큰 성과를 올리게 되었다. 〈표 2-2〉는 유리시스템즈 사의 성장 발전상을 보여주고 있다.

1997년은 이러한 김종훈 사장의 인생에 있어서 최고의 해로 기억될 것이다. 그가 발명한 ATM 교환기가 미국에서 크게 각광을 받았으며, 〈비즈니스위크〉 지는 가장 급성장하는 최고의 우수기업을 만들고 있는 김종훈 사장과 유리시스템즈 사의 신제품을 커버에 실음으로써 그를 일약 명사로 만들어 주었기 때문이다. 실제로 유리시스템즈 사는 ATM 교환기의 품질 향상과 고객제일주의 기술 혁신으로 명성을 올리기 시작하면서 기존 거대 기업들의 관심을 끄는 급성장 중소기업이 되었다.

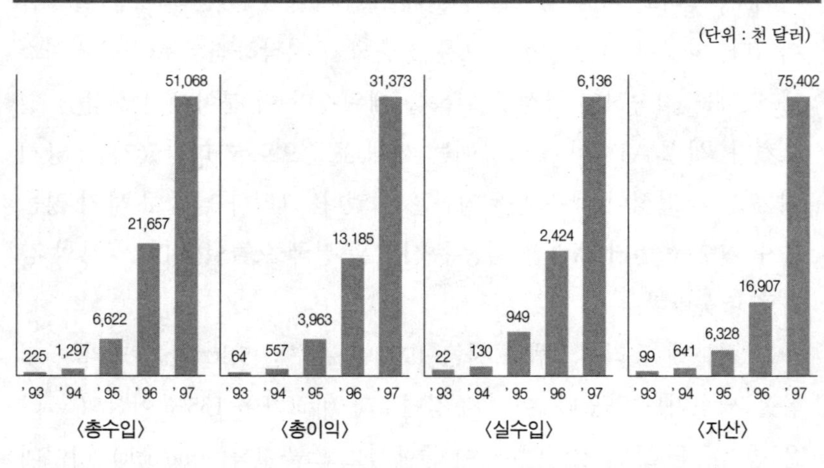

▶ 자료 : Yurie Systems, Inc., 〈Annual Report〉(1997)

우수기업 제1위의 비결

김종훈 사장의 경영 철학은 고객을 위한 최상의 품질을 갖춘 상품을 만드는 데 초점을 둔 경영, 즉 '고객에 의한 경영(Management by customer)' 이다. 그는 기존의 경영 이론들, 예를 들어 매니저의 경영, 결정 존중의 경영, 성과주의 경영 등은 지난날의 것들이라 하면서, 이제는 고객에 초점을 두는 경영[4]이어야 하며 상품의 질이 결정적이라고 강조한다. 이러한 경영 철학과 더불어 유리시스템즈 사의 우수기업 만들기의 밑바탕에는 다음과 같은 성공 전략이 있었다. 이것은, 오늘

날 중소기업의 성패는 동서를 막론하고 '전략의 고리' 로 불리는 이론
의 다섯 가지 요소에 의해 결정된다고 하는 새 이론[5]과도 일맥상통하
는 것이다.

　첫째, 새 기술 혁신, 즉 기술 개발은 물러설 자리가 없다는 기술제일
주의이다. 이는 유리시스템즈 사가 이뤄낸 기술 혁신이 루슨트테크놀
로지 사에 의해 10억 달러에 매수·합병되었던 사례로 인해 이미 그
우수성이 증명된 전략이다. 김종훈 사장이 발명해낸 ATM 교환기는
모든 대기업들이 탐을 내던 새로운 상품으로서, 하나의 네트워크를 통
해서 여러 가지의 정보, 영상, 음성 등을 신속하게 송신할 수 있는 발
명품이었다. 이것이 오늘날의 통신혁명시대 시장 경쟁에 없어서는 안
될 신상품이라는 점에 비추어 볼 때, 유리시스템즈 사의 초고속 성장
원인을 짐작하고도 남는다.

　둘째, '모두가 하나되는 협동체' 라는 인본주의 경영이다. 중소기업
의 특징은 전 직원이 한 식구와 같은 친밀성을 키우는 데 더욱 유리한
조직이란 점이다. 거대 기업들의 비인간적인 관료조직 개념이 중소기
업에는 존재하지 않는다. 이는 단지 조직이 작아서 그런 것이 아니다.
'기술제일주의' 와 인간 본위의 경영인 '사원제일주의' 는 새로운 시
대 성공 전략의 양 기둥이다. 앞서가는 기술 역시도 사람이 만들어 내
는 창의와 현실적 연구의 결과이며, 권위주의가 끼어들 수 없는 자유
로운 조직에서의 자발적인 협력이 또한 기술 혁신을 가져오기 때문이
다. 한편 스톡옵션(stock option)이 큰 혜택과 보상을 보장하도록 하는
등의 성과주의 보상제를 실시하는 유리시스템즈 사는, 회사의 매각으

로 인해 20여 명의 사원 모두가 백만장자의 벼락부자가 된 사례를 남겼다. 이는 김종훈 사장의 인본주의 경영을 실증하는 예이며, 동시에 실리콘밸리 기업가 정신의 특질과도 통하는 것이다.

셋째, 비전과 창의성이다. 이는 신 현대적 기업가의 가장 근본적인 성공 전략이라고 할 수 있는데, 유리시스템즈 사는 그 창업에서부터 비전과 창의성을 주축으로 하였다. 오랜 시기를 두고 준비해 온 기업가라는 점에서 남달랐던 김종훈 사장은, 끊임없이 학습하고 새로운 것을 창조해내는 기업가 정신이 이미 체질화되어 있는 사람이었다. 그렇기 때문에 그는 사업에서 '때'를 보는 탁월한 감각을 발휘할 수 있었고, 다른 사람들로 하여금 무엇이든지 성공시키고야 말 사람이라는 믿음을 갖게 했던 것이다.

넷째, 세계화 시대에 살아남을 수 있는 기업의 경쟁력을 확보한다. 유리시스템즈 사는 루슨트테크놀로지 사에 의해 좋은 조건으로 매각됨으로써 세계의 유수 기업들과 어깨를 나란히 하는 경쟁 기업으로 승격할 수 있었다. 하지만 이후에도 여전히 몇 가지 과제는 남아 있었다. 그것은 대기업의 창의성 창출 기능이 오히려 중소기업보다 못하다는 과거의 전례들이 암시하는 것과 관련이 있다. 즉, 기존의 자율적 독립체제를 대규모 조직 속에서 어떻게 하면 효과적으로 운영해 갈 것인가와, 대기업의 최고경영자(CEO)와 스탭들 간의 원활한 협조 관계를 모색하는 것이 문제였다. 이미 이러한 문제를 잘 알고 있었던 김종훈 사장은 대기업 속에서의 성공적인 변신을 위해 또다시 새로운 승부 열정을 발휘하며 이에 대한 준비를 해나가고 있다.

루슨트테크놀로지 사

미국의 명문 기업 루슨트테크놀로지(Lucent Technologies) 사는 모기업 AT&T 통신 대기업에서 독립한 기업으로서 네트워크 통신 및 인터넷 기술 업체들 가운데 세계 4위에 속하는 대기업이다. 〈포춘〉지 통계(2000. 10. 2)에 따르면 1위 노키아(Nokia), 2위 시스코시스템즈(Cisco Systems), 3위 노텔네트워크(Nortel network), 5위 엘엠에릭슨(L.M. Ericsson), 6위 알카텔(Alcatel), 7위 쓰리컴(3Com) 등으로 나타나고 있다.

또한 1998년 집계에 의하면, 루슨트테크놀로지 사는 시장가 930억 달러로서 세계 최고의 100대 기업들 가운데 19번째를 차지하는 거대 기업이다. 모기업인 AT&T의 순위는 16번째, 시장가 988억 달러이고, 일본 도요타 자동차는 18번째, 943억 달러로서, 이들 기업과 거의 맞먹는 기업이라고 할 수 있다. 본사는 미국 동부 뉴저지 주에 있다.

다섯째, 현장(hands-on) 경영, 즉 발로 뛰는 기업 경영과 솔선수범의 리더십이다. 유리시스템즈 사는 상사의 명령이나 지시브다는 자발적인 참여 등을 통한 원활한 의사소통으로 모두가 하나되는 협동체를 만들었다. 즉, 모두가 주인이 되는 기업 문화를 형성한 것이다. 김종훈 사장은 하청 업자나 매입 업체 등의 고객을 상대하는 경영에 있어서도 가장 효과적인 것은 현장 경영이라고 말한다.

기업가로서의 김종훈

1998년 어느 날 미국에 새로운 벼락부자가 탄생했다. 중소기업이 굳이 상장을 하지 않더라도 당시 미국에서는 거대 기업들의 중소기업 사들이기가 한창이었다. 이 무렵 지티이(GTE)의 매수 움직임을 알아차린 루슨트테크놀로지 사는 유리시스템즈 사가 보유한 ATM 기술을 얻기 위해 4개월간의 줄다리기 협상을 벌여왔고, 마침내 20%의 프리미엄을 주고 유리시스템즈 사를 인수하였다. 유리시스템즈 사의 자산 가치는 시장에서 보통 8억 달러의 평가를 받고 있었다. 그러나 루슨트테크놀로지 사는 여기에 20%의 프리미엄을 제시한 10억 달러의 인수금액을, 게다가 현찰로 제시했다. 이는 미국의 M&A 풍토에서 지극히 이례적인 일이었기에 당시 재계와 언론으로부터 많은 관심이 집중되었다.

이렇게 해서 김종훈 사장은 하루아침에 억만장자가 되었다. 〈포브스〉 지는 그의 재산이 모두 5억 6천만 달러가 되어 미국 400대 갑부에 들어가게 되었다고 전했다. 이 후에 그는 루슨트테크놀로지 사의 산하에 있는 데이터네트워크(Data Network)의 최고책임자가 되었고, 동시에 유리시스템즈 사의 발전까지도 함께 지휘하게 되었다. 이제 김종훈 사장은 정보통신 테크놀로지 계에서 세계 시장을 상대로 중요한 역할을 담당하는 주목받는 리더가 된 것이다.

시간은 생명이다

김종훈 사장은 "시간은 생명이다"라고 말한다. 통신 분야만 해도 3년 후를 예측하기가 어렵다. 갑자기 어떤 신기술이 나와 모두를 깜짝

〈비즈니스위크〉 지의 커버를 장식한 김종훈 사장과 유리시스템즈 사의 신제품[6]

놀라게 할지 모르는 일이다. 따라서 제3차 산업혁명이 주도하는 오늘날의 정보통신 시대에는 초고속 정보기술 변화가 그 핵심을 차지하고 있다. 또한 경쟁 기업들이 크게 늘어나면서 다국적 거대 기업들은 새로운 통신 시장의 주도권을 놓고 시시각각으로 초읽기 식의 치열한 경쟁을 벌이고 있다. 이러한 때에 '시간이 생명'이라는 말은 우리에게 절실하게 와 닿는다.

김종훈 사장의 비전, 야망, 창의성과 모험 감수성, 강인성 등은 그를 '성공할 수밖에 없는' 기업가로 만들었고, 가난했던 고국 한국에서의 어려웠던 시절을 청산하고 결국에는 억만장자의 신흥 기업가로 성장하게 해주었다. 진정으로 밑바닥의 어려운 생활을 몸소 체험했던 그는, 어려움이 클수록 그 대가도 크다는 자신의 신념을 이야기한다. 그는 사람들에게 시련의 극복은 장차 더 커다란 도약의 계기가 된다는 것을 말 없이 가르쳐주고 있다.

"제가 느끼기에 저는 머리가 썩 좋은(smart) 사람은 아닙니다. 단지 성공 목표를 높게 정하고, 일주일에 120시간 가량 밤낮 없이 일한 것이 지금의 저를 만든 힘이겠죠."[7]

일주일에 120시간을 일했다면, 식사시간과 2~3시간의 수면시간 외에는 항상 일을 하고 있었다는 계산이 나온다. 오늘날의 성공에도 불구하고 이렇듯 식을 줄 모르는 열정을 소유한 김종훈 사장은, 수많은 벤처기업가들과 한인 이민자들에게 훌륭한 귀감이 되고 있다.

미국 식품업계의 거상

부모님이 주신 이름은 대한민국 초대 대통령의 이름을 딴 '이승만'이었다. 장차 한국의 정치 지도자가 되어 달라는 소망이 담긴 이름 때문이었는지, 그러한 지도자로 성장하는 것이 그에게는 삶의 커다란 목표가 되었다. 도미 유학은 그러한 지도자가 되기 위한 필연적인 과정이었고, 그는 지금 대통령 부럽지 않은 큰 지도자가 되었다. 이승만 사장은 동양식품 대행 슈퍼마켓을 전국적으로 확장·운영하면서 일본 사람이 경영하는 도매업을 물리치고, 이 분야에서 단연 최고 기업가의 한 사람이 된 것이다.

리브라더스 사(Rhee Bros., Inc.) / 이승만

리브라더스 사(Rhee Bros., Inc.)

이승만

워싱턴 교포사회와 함께 성장한 리브라더스 사

1960년대 초만 해도 워싱턴 교포사회는 200명 내외의 작은 규모에 불과했다. 이 때는 교포 소유의 상점이 한두 개 정도였으니, 한국 식당은커녕 한국 식품점조차도 없었다. 그러던 것이 60년대 후반 이후 이민의 물결이 일어나면서부터, 워싱턴 및 그 근교에 모여든 새 이민 가족수가 그야말로 몰라보게 늘어나기 시작했다. 약 20년 사이에 워싱턴의 교포 인구는 거의 10만 명에 이르게 되는 획기적인 변화가 일어난 것이다.

이러한 커다란 변화는 교포사회 자체를 완전히 변모시켰다. 2개에 불과하던 교회가 약 250개로, 그리고 성당이 4개, 사찰이 6개로 늘어났고, 사업체라고는 한두 개 있을까 말까 했던 곳에 이제는 교포들의 상점이 밀집하여 한인촌(Korea Town)을 형성하게 되었을 정도이다. 그 곳에 가면 한글로 쓰여진 간판들과 쉽게 마주칠 수 있기에 마치 한국에 온 것 같은 착각을 일으킨다. 버지니아 페어팩스 카운티(Virginia Fairfax County)의 애난대일(Annandale) 시에도 워싱턴 한인회 사무실을 필두로 하여 한식점, 식품점, 헤어숍, 의류판매점, 한의원, 병원, 노래방 등 다양한 업종의 사업체와 단체 사무실 560여 개가 모여 한인촌을 형성하였다.[1]

　불과 몇 십년 사이에 일어난 교포사회의 커다란 성장은 미국 내의 식생활에도 영향을 끼쳤다. 워싱턴, 뉴욕, 로스엔젤레스 등의 대도시를 가면 한국 음식점에서 많은 외국인들이 한국음식을 즐기고 있는 모습을 쉽게 볼 수 있다. 불고기, 갈비구이 등이 많이 찾는 메뉴이고, 이에 김치도 곁들인다. 이처럼 한국음식이 미국 내에서 커다란 반향을 일으키는 현상은 과거에 비하면 커다란 변화가 아닐 수 없다.

　한편 미국의 독립기념일인 7월 4일에는 가족이 동네 사람들과 더불어 정원에 식탁을 차려놓고 고기구이를 하는 것이 특별 행사 중 하나가 되었다. 지구촌 시민들이 한데 어우러져 살아가는 워싱턴에서도 각 민족의 특별 고기구이가 하나의 명물로 정착되었고, 매스컴에서는 한국음식 등 몇 나라의 명물 고기구이 요리법이 소개되기도 한다. '달고 매운 한국의 고기구이' 라는 제목의 기사에서는 한국의 요리법이야말로 정원 고기구이에 안성맞춤이라고 하면서 갈비구이와 불고기구이의 요리법을 자세히 설명하고 있다. 여기에 덧붙여 쌈을 싸서 먹는 것이 입맛나게 하는 비결의 하나라고 말한다.[2] 이렇듯 교포사회의 발전과 더불어 나타난 한국음식의 미국화는 미국인들의 식생활을 변화시키고 있으며, 이는 더 나아가 한국음식 세계화의 발판이 되고 있다.

롯데프라자 슈퍼 대형점

'김치 담그다 3년을 보낸 어느 워싱턴 주재 외교관 부인' 이야기

1952년 (워싱턴) 대사관 식구들이 늘어났다. …그 때만 해도 워싱턴에서는 배추를 구하기 어렵던 때라 양배추에 고춧가루만 버무려 김치를 담궈도 꿀맛 같았다. …그 당시 육군 무관 모 소장께서 어느 날은 10달러, 어느 날은 5달러를 갖다주면서, "미세스 홍, 미안하지만 김치하고 밥만이라도 좋으니까 저녁 준비 좀 해주세요"라고 번번이 부탁해왔다. …나의 워싱턴 시절은 완전히 김치 담그다 보낸 세월이었다.

— 어느 외교관 부인의 수기(제24회) 중, 〈조선일보〉(1999. 4. 30)

이제 워싱턴에는 한국식품점이 없는 곳이 없다. 더구나 한국에 비해 크게 비싸지 않거나 오히려 저렴한 가격으로 신선한 제품을 살 수 있는 곳이 바로 미국의 교포사회이다. 여행객이 선물로 사들고 오던 명란젓도 고추장도 이제는 미국에서 모두 살 수 있다. 배추 파는 곳이 없어 그 대신 양배추를 미국식품점에서 사야 했던 어느 외교관 부인의 수기는 50년대 초반의 상황일 뿐이다. 이는 미국에서 제2의 고향 만들기에 열중한 워싱턴 교포들이 일궈놓은 결과인 것이다.

이방에서 주인이 되는 이러한 변천과정을 주도한 기업 가운데 하나가 바로 식품업체, 리브라더스 사(Rhee Bros., Inc.)이다. 이민의 붐이 일기 시작할 무렵 시의 적절하게 창업한 리브라더스 사는 오징어 수입으로 시작하여 지금은 대규모의 동양식품 수입 및 도매상으로 급성장한 중견 기업이다. 1989년 롯데슈퍼마켓, 1991년 롯데프라자, 그리고 10년이 지난 1999년에는 엘리콧 시에서 세 번째로 큰 초대형 슈퍼마켓을 개점하여 미국 신문에까지 보도된 바 있다. 소매업으로 어렵게 창업한 이래 오늘날까지 발전해온 과정이 워싱턴에 그대로 녹아 있는 리브라더스 사는, 그래서 교포사회 발전의 산 증인이기도 하다.

미국에서 60년대 후반기에 등장한 동네가게형 소규모 한국식품점은 밸리랜드의 '코리안코너떡집' 과 버지니아의 '코리아하우스식품점' 이 처음이었다. 이들은 마치 서울 변두리 청량리에 한 개, 영등포에 한 개 있는 식의 동네가게와도 같은 수준의 상점이었다. 리브라더스 사는 이러한 가게에 오징어, 쌀, 고추장 등을 도매로 판매하는 소규모 무역상으로 시작했다. 그러나 지금은 모든 것이 달라졌다. 리브라더스 사는 이제 수적·규모적으로 크게 성장하여 교포사회를 살기 좋은 곳으로 크게 변화시키는 데 일익을 담당하고 있다.

동네모퉁이 식품점 혁명

미국의 대도시 워싱턴이나 뉴욕은 한켠에 동네모퉁이 식품점(Corner Sotore, 소규모 영세 상점)이 있고, 또 한켠에는 대형 식품점이 있는 이원적인 형태를 띠고 있다. 전자는 주로 러시아 및 폴란드에서 이주해 온 유태인들이 운영한다. 그런데 이들은 돈을 벌면 도시를 떠나 부유한 교외 주택지로 옮겨가고, 보통은 흑인 주민에게 가게를 인계하기 때문에, 상점들은 발전하기는커녕 대부분 실패하여 문을 닫게 되는 경우가 많았다.

하지만 새로 이주해 온 한인 교포들이 흑인들을 제치고 가게를 인수하면서 사업을 번창시키기 시작했다. 특히 1968년 흑인폭동 이후

복구가 안된 폐쇄된 상점들을 맡아 새로운 생기를 불어넣기 시작한 것이 일대에 커다란 변화를 불러일으켰다. 〈워싱턴포스트〉 지는 이를 가리켜 '동네모퉁이가게 혁명' 이라고 보도하기도 했다.[3]

한국 교포들이 진출한 사업은 1만 달러 수준의 적은 자본으로 해나갈 수 있는 영세 소기업들이 대부분이었다. 이들은 캐리아웃 음식점, 주유소, 세탁소 등의 가족단위 사업장에 진출하여 두각을 나타내면서 워싱턴에서 소기업 사업장 지배시대를 만들어 갔다. 부부가 함께 쉬는 날도 없이 주 7일, 하루 16시간 이상의 일을 해나가며, 모든 사람들이 그야말로 치열하게 사업에 전력투구했던 것이다. 그리고 이승만 회장도 이러한 어려움을 함께 겪어나간 사람들 중 하나였다.[4]

한인 이민자들의 강인한 성취력

워싱턴에 거주하는 한인들에 관한 연구 가운데 이동 동향 분석을 살펴보면 다음과 같은 특징을 알 수 있다. 흑인 빈민촌에서 사업을 시작한 한인들은 사업이 번성함에 따라, 가족은 변두리 부자촌으로 이주해가되 사업은 흑인촌에서 계속하는, 사업과 주거의 분리 현상을 보이고 있다. 이는 한국 이민자들에게 빈민촌의 상점을 넘겨주고 새 사업을 찾아 이사해 가는 동유럽 및 유태인 이민자와는 다른 현상이었다. 다시 말해서, 주거지에 한해서는 연 35%의 이동성을 보이는 한인들이, 사업에 한해서는 성공할 때까지 한 곳에서 오래도록 뿌리내림으로써 결국에는 성공을 거둔다는 것이다. 이는 수입의 증가와 더불어 더 나은 질의 삶을 찾아가는 고도의 기동성(mobility)을 보이는 것으로써, 한인들은 잘 살아보려는 성취의욕이 비교적 강한 민족임을 시사하는 한 증거라고 할 수 있다.

There's a Lot at Lotte

Some people shop at Lotte Plaza, one of the largest Asian supermarkets in the Washington area, for the myriad imported Asian foods. Others seek imported European products that were brought to many Asian countries during various colonial occupations. And there are some folks who visit Lotte for the four little restaurants—Korean, Chinese and two Japanese—that sit in a row next to a rock waterfall. For whatever reason, Lotte is a Fairfax foodie destination.

Let's take a tour.

It's hard to find a salesperson who speaks English. In fact, customer service isn't great no matter what your native tongue. You'll come across weird things, wild things—like a black chicken, which is believed to have medicinal value—foods you may never have seen before. But, despite these challenges, this supermarket has wide aisles and special departments that help guide you.

Aisle nine is a favorite for shoppers in search of Vietnamese, Malaysian, Thai and Chinese delicacies. There reside the shark fins and boxes of expensive and hard-to-find dried sea cucumber that Chinese like in soup. There are condiments, every shape and style of dried noodle, as well as canned exotic fruits and vegetables from all over Southeast Asia.

Halfway down aisle nine, the European-section shoppers can find cans of French-made butter and bottles of Maggi, a soy-based sauce made in Switzerland—products that are popular in Vietnam. Hong Kong Chinese, who lived under British rule until 1997, come here to buy Horlick's instant malt beverage.

One side of aisle eight is stocked with familiar American-made pantry staples, from Aunt Jemima to Campbell's. But spin around. The other side of the aisle has a wide selection of Asian snacks—rice crackers, cookies and candy in wild, colorful packaging. Don't overlook Jacob's Cream Crackers, made in Malaysia, that come in a good-looking blue and green tin box.

A must-see is aisle four, frozen foods. Like dumplings? We counted a dozen brands of these quick hor d'oeuvres stuffed with either meat, seafood or vegetables. They are wonderful in soups as well. There are just as many brands of frozen dim sum which, by the way, in Cantonese means "heart's delight."

Many of Lotte's customers are Korean. That's why there is a special counter in the deli section where fresh kimchi—spicy, pickled cabbage—is made daily. In the deli section, the self-service station—resembling a salad bar—has more than 30 kinds of pickled and preserved vegetables, legumes and seafood. These are often served in small dishes to accompany a Korean meal. They range from cucumber in soy sauce for $1.99 per pound to seasoned shredded cuttle fish for $12.99 per pound. Be careful. Some are spicy hot. We liked the all-in-one packages of freshly chopped assorted vegetables, shellfish, herbs and seasonings that busy folks can simply add to a pot of boiling water and call it soup.

Steps away in the housewares department, we spotted a stone-and-iron grill top ($13.99) and a portable butane stove in a handy carrying case ($13.99) that would be fun for a picnic. The popular and proper Korean-style marinated and thinly sliced pork and beef, meats that would cook quickly on such a grill, are also available in the deli department.

When you are ready for a bite to eat, choose from Ninja Express, the sushi bar or Lotte Chinese Corner, a Mandarin Chinese/Korean takeout with portions large enough for two.

Or try Kawata, a traditional Japanese restaurant that has a nice trio of bento lunch boxes ($5.98–$6.98). Our favorite was makunouchi bento (No. 1), a well-composed combo of crunchy shrimp tempura, a slice of sweet egg omelet and chewy fish cakes, pickled vegetables and kimchi. Next door at the Korean restaurant, Palace Home Style Noodle, the most popular dish is bi bim bap ($5.63)—a big bowl of sliced vegetables and rice topped with a fried egg and flavored with a hot sauce. We can recommend bulgogi ($6.95), marinated beef on sticks served with rice, as well. Try the barley tea. It's warm and soothing.

■ *Lotte Plaza, 3250 Old Lee Hwy., Fairfax; call 703-352-8989. Kawata Japanese Restaurant, call 703-852-5211. Palace Home Style Noodle, call 703-352-7799. Lotte Chinese Corner, call 703-352-8989. Ninja Express, call 703-273-7246. (Lotte Oriental Supermarket, a smaller branch of Lotte Plaza, is located at 11790 Parklawn Dr., Rockville; call 301-881-3355.)*

Lee Ae Kyong, left, and Koo Yosu Yam make Korean kimchi at Lotte's kimchi counter.

〈워싱턴포스트〉 지에 소개된 롯데프라자 : '없는 것 없는 식품점, 롯데'

그런가 하면 워싱턴 근방에서 가장 부유한 지역이라는 포토백에는 상당수의 한인 이민자들이 살고 있는데, 이들은 워싱턴 빈민촌에서 벗어나 포토백까지 오는 데 50년이라는 긴 세월을 참아내는 강인한 성취욕을 보여주었다. 이들이 모여서 만든 한인촌은 버지니아 주 페어팩스 카운티의 애난대일 시에 세워졌고, 이 곳에서 한국의 신촌과 같은 상가를 만들면서 한국인의 상인 정신을 유감없이 발휘하고 있다. 미국에서 가장 부자가 많다는 페어팩스 카운티, 한인촌은 이 곳에서 태어났다. 그리고 이 곳에 가면 리브라더스 사의 대형 직매점 롯데프라자가 있다.[5]

리브라더스 사 창업, 동양식품 유통업계의 리더로

이승만은 미국에 건너와 번번이 사업에 실패하다가, 그 원인이 아이템의 문제에 있음을 찾아냈다. 비즈니스의 '비' 자도 몰랐던 그였기에, 경영학을 전공하고 현지 사정에 밝은 미국사람들이 안 하는, 할 수 없는 분야를 노려야만 한다고 생각했다. 그래서 생각해낸 것이 동양식품 유통업이었다.

이렇게 해서 워싱턴의 한 허름한 창고에서 단 세 명의 직원과 함께 시작하게 된 리브라더스 사. 이 회사는 가족기업으로 탄생했고, 대표를 맡고 있는 이승만 회장은 4형제 중 맏형이다. 일찍이 그의 어머니는 맏이인 그에게 언제나 동생들을 보살피며 '큰 사람이 되라' 는 말씀을 하셨고, 이는 지금까지도 그의 삶에 버팀목이 되고 있다. 형제들이 합심하여 창업하게 된 이 회사는 형제 회사라 하여 이름도 '리브라더스' 라고 하였다. 첫째 동생 승길은 직매 분야, 둘째 동생 승관은 도매 분야, 막내 동생 승걸은 무역 · 수출 분야를 책임지고 있다. 이들 4형제와 가족은 창업 첫 4년 동안 하루에 12~14시간씩 일하며, 어느새 모두 일벌레가 되었다고 회고한다.

창업 자금으로는 고학하면서 저축한 3만 달러의 현금과 은행 융자 3천 달러가 전부였다. 게다가 사업 지식이라고는 오징어 행상과 학비 조달을 위해 아르바이트하던 식당 일에서 체험한 것이 전부였지만, 이승만은 그의 탁월한 직감으로 동양식품에 장래가 있음을 깨달았다. 이때부터 한 젊은 유학생의 인생을 건 변신이 시작된 셈이다.

이렇게 창업한 리브라더스 사는 워싱턴 근교의 컬럼비아(Columbia)

메릴랜드 주 컬럼비아에 있는 리브라더스 사의 본부

뉴재팬푸드, 일본

코리아타운프라자, 뉴욕

코리안팜, 캘리포니아

롯데프라자, 버지니아

승원실업주식회사, 한국

롯데수퍼, 메릴랜드

리브라더스 사의 지사

시로 옮기면서 더 넓은 공간에 창고를 건립하고, 당대의 최대 도매상이었던 일본식품사(Japan Food, Inc.)를 따돌리고 동부 지역 최대 도매상으로 발전하게 되었다. 1999년 4월 30일에는 워싱턴과 볼티모어 시 중간지점 되는 엘리콧 시(Ellicott City)에 이 지역에서 세 번째 대형 식품점인 '롯데프라자 슈퍼점'을 개업하였다.

'신선도는 최상, 가격은 최저'를 모토로 한 리브라더스 사는 현재 동양식품 시장에서 제일가는 대형 기업으로 자리를 굳혀가고 있다. 여기에는 한국에서 수입한 5천여 종의 '아씨' 상표 식품에서부터, 중국·일본·베트남에서 수입한 야채·과일·생선·정육·달걀·우유 등의 동양 식품류와 각종 주방용품, 그리고 미국식품 등에 이르기까지 1만여 종의 제품을 한 곳에서 모두 살 수 있는 '원스톱(one stop)' 쇼핑 문화 공간이 마련되어 있다. 또한 최신 자동화관리시스템을 도입하여 신속·정확한 관리로 능률 경영을 시도하면서, 리브라더스 사는 이 지역 명문 대기업인 자이언트푸드(Giant food), 세이프웨이(Safeway) 식품점과 어깨를 나란히 하는 동양식품 전문점이 되었다.

직매점 개설 전략

도매업으로 시작한 리브라더스 사는 자기 상점 벌리기, 즉 소매 직매점 개설을 성장 전략의 하나로 삼았다. 하지만 이것은 소매업자들 특히 동네 식품점의 커다란 반발을 사기에 충분했고, 이러한 진통을 겪으면서 이승만 회장은 식품업계의 필연적인 변신이 부득이하다고 생각했다.

미국 식품업계의 특징은 대형 식품점(슈퍼)이 소매점의 중심이 되어 자체 공급원을 갖고 소매 상점들을 운영하는 도소매의 이원화 방식에 있다. 그러나 이와는 대조적으로, 동양식품 시장에서는 리브라더스식 도소매복잡형 네트워크 시스템을 갖춘 전형적인 대규모 식품점이 유리하다는 것이 이승만 회장의 기업 전략 판단이었다. 이러한 판단은 적중하였고, 지금의 성공을 가져왔다. 말하자면, 슈퍼 체인 식품점이면서 동시에 도매업이 소매업을 겸하는 것이 특징이었다.

이승만 회장은 '도매업의 직·소매 체인점이 동양식품의 앞날' 이라는 자신의 비전에 '외상 거래를 축소시킨다' 는 전략을 가미하여, 이를 기업의 성장 전략으로 삼은 자신의 기업가 정신이 적중하였다는 것에 대단한 자부심을 갖고 있다.

소매업의 대형화 전략

소매업의 대형화는 식품 업계의 필연적인 추세이다. 이는 과거 미국에서 '슈퍼마켓(Supermarket)' 이라는 개념이 처음 등장하던 때, 대형 식품점이 소비자들에게 처음 선보이게 되었을 무렵부터 이미 예감했던 변화이다. 1930년 8월 4일 뉴욕의 변두리 퀸즈(Queens)에 아일랜드 출신 이민자 마이클 켄렌이 처음으로 소매점 대형화를 시도하여 연 것이 바로 '슈퍼마켓' 이었다.[6] '가격 파괴' 를 시도하는 소매점 대형화는 시작부터 선풍적인 호응을 얻었고, 창업 2년 만에 미국 최대의 식품점으로 성장하였다. 이것은 '새 아이디어' 가 기업가 정신의 가장 중요한 본질이라는 것을 실증한 사례였다.

1997년도 〈워싱턴포스트〉 지의 식품업계 분석에 따르면, 자이언트 푸드와 세이프웨이 두 거대 기업의 판매율이 식품업계 전체의 70%를 차지하고 있다. 또한 리브라더스 사의 소비자는 약 3분의 2가 한인이며, 나머지는 동양계 및 백인이라고 소개했다. 그러나 이승만 회장은 적어

도 50 대 50의 비율로 한국 교포 외의 고객들에게도 동양식품을 알려나
감으로써 동양식품 세계화에 공헌하고 싶다는 포부를 갖고 있다.

브랜드 차별화 + 원산지 다양화 전략

이승만 회장은 하루 17시간을 꼬박 일하는 '일 중독자'로 살아가며, 자나깨나 회사의 성장 전략을 고민하고 또 고민하였다. 단순한 장사꾼이 아닌 비전 있는 기업가의 정신으로 동양식품 최대 수입 공급 회사의 꿈을 하루도 잊지 않고 일에 정열을 쏟아갔다. 미국에서의 동양식품은 한 마디로 별종이고, 동양인들에만 한정된 수요품이기 때문에, 틈새 시장을 겨냥한 특별 시장 전략을 짜내야만 했다.

그래서 이승만 회장의 과제는 당시 동양식품 업계를 지배하고 있던 일본계 도매 식품 회사인 일본식품사에 도전하는 것이었다. 그리고 여기에서 승부를 내야만이 살아남을 수 있다는 판단하에 일본식품사를 능가하는 수준의 성장을 제1의 목표로 삼았다. 우선 일본 브랜드에 대적할 만한 우리만의 고급 브랜드 만들기를 시도했다. 그는 국제시장에서 한국만의 특징을 알릴 수 있으면서도 좋은 이미지를 갖고 있고 부르기도 쉬운 이름이 무엇일까를 고민하기 시작했고, 이렇게 해서 생각해낸 것이 '아씨'라는 이름이었다. 또한 여기서 그치지 않고 일본 시장을 겨냥한 브랜드 '하나'와 중국 시장을 겨냥한 브랜드 '황제'를 잇따라 선보이며 브랜드 차별화 전략을 시도하였다.

한편 이승만 회장은 일본식품사가 거의 일본제품의 판매에만 의존한다는 점에 착안하여, 한국제품으로 가격 경쟁을 시도하였다. 뿐만 아니라 일본식품을 그 나라 원산지에서 직수입하는 전략으로 일본식품과의 가격 경쟁도 동시에 해나갔다. 이러한 원산지 다양화 전략과

더불어 브랜드 차별화 전략은 리브라더스 사의 첫 시장 전략에 해당하는 것이었다. 원산지 직수입으로 브랜드의 신용을 쌓아올리면서, 동시에 가격 경쟁을 시도하여 일본식품사의 독점 시장을 서서히 침식하기 시작하였다.

이러한 전략은 1983년 오사카에 일본 지사인 '뉴재팬푸드(New Japan Food)' 사를 설립하는 것으로 구체화되었다. 이로써 1982년에 설립한 한국 지사 '승원실업주식회사'에 뒤이어 또 다른 주류 식품 공급원을 해결할 수 있었다. 사실상 당시 동양식품업계에서 리브라더스 사와 라이벌 관계에 있던 일본식품사는 일본쌀, 라면, 간장 등의 주요 식품들을 독점 공급하는 회사였다. 따라서 이렇듯 강력한 도매업자와의 경쟁에서 살아남는 길은 대대적인 투자와 공급원 경쟁에서 이기는 것뿐이었다. 이에 따라 이승만 회장은 생산지 지사망 설치에 주력하기 시작했다. 후발업체라는 불리함을 극복하고 한인 외의 다른 시장도 적극 공략해 새로운 수요를 창출해 보자는 의도였던 것이다. 이러한 계획의 일환으로 4년 후인 1987년에는 중국 지사를 설립하였고, 이로써 동양식품 3대 생산지사 설치 계획을 마무리지을 수 있었다.

리브라더스 사는 이처럼 미국에 있는 식품회사이면서도 동시에 세계적 공급 지사를 가진 다국적 기업으로 성장해갔다. 그리고 우수한 품질과 저렴한 가격을 경쟁력으로 내세우며, '동양식품' 하면 가장 먼저 '리브라더스 사'를 떠올리도록 만들었다. 한 마디로 브랜드 차별화와 원산지 다양화 전략을 시도, 소비자들에게 동양식품으로서 확실한 포지셔닝을 한 것이다.

경쟁사의 위기를 기회로 활용

이 무렵 일본식품사에 큰 손상을 입히는 '국보쌀 방부제 탈크(Talc) 사건'이 터져 나왔다. 1975년 〈뉴욕한국일보〉는 교포들이 가장 애호하던 '국보' 상표의 쌀에 발암 물질이 들어 있다는 사실을 보도했다.[7]

이 사건은 곧 국보쌀 공급 회사와 한일 식품업자들의 항의 및 소송 사건으로 번져갔으나, 결국엔 문제가 된 탈크를 쌀에 입히지 않겠다는 약속을 함으로써 마무리되었다. 하지만 이것은 하나의 단순한 사건으로 끝나지 않고, 이승만 회장이 핵심으로 삼았던 두 개의 시장 개척 전략의 급진전으로 이어졌다. 첫째, 리브라더스 사의 '아씨' 상표가 품질 면에서 가장 뛰어난 상품이라는 믿음을 소비자에게 심게 하는 장기 전략이 적중했다. 둘째, 원산지 직수입과 박리다매 정책으로 가격 인하를 실시하고, 수송비 및 기타 비용의 절감을 통해 가격에 있어서 상당한 경쟁력을 확보하여 저가 공급 목표를 달성하였다. 요컨대 리브라더스 사는 가격절감 경영과 고객관리에 전념하면서 최대 경쟁사인 일본식품사의 전성시대를 끝맺게 하는 큰 성과를 얻어낸 것이다.

그러나 이러한 성공 뒤에도 여전히 과제는 남아 있었다. 이는 자금 부족으로 인해 융자를 늘려야 하는 것과 '선거래 후지불'이라는 외상 거래에서 오는 대금 결제의 지연 및 부도를 막는 것이었다. 이승만 회장은 이 두 가지 난제를 다음과 같이 신용에 의한 중소기업지원청 자금 융자와 직매점 개설로 해결할 수 있었다.

리더의 위기관리 능력

동양식품도 이제는 미국식품 체인점인 자이언트푸드나 세이프웨이 등과 같은 대형 직매점을 통하지 않고는 살아남기 힘든 시대로 돌입했다. 이러한 때에 이승만 회장의 성공 전략은 다음과 같았다.

이승만 회장은 동양식품의 다양화·세계화로 시장 수요의 확대를 최대한 도모했을 때, 이것이 결국 직매점대형화 시대를 열게 할 것이라고 믿었다. 이러한 생각으로 자사 브랜드의 식품을 저가로 공급하는 이점을 활용하면서 모든 식품을 한 곳에서 살 수 있는 대형 동양식품 판매점에 도전하기로 결심하고, 이를 위한 투자계획을 꾸준히 준비해 나갔다. 하지만, 여기에는 이겨내야 할 암초 같은 두 가지의 난관이 있었다. 그 첫 번째는 막대한 자본 수요를 해결하는 문제였고, 두 번째는 지금까지 공존공영해왔던 소규모 영세 상점들의 폐업 위기를 어떻게 해결하는가 하는 문제였다.

이 가운데 우선 직매점 확장 전략에 소요되는 비용은 그가 이제껏 쌓아올린 신용도에 의지하여 중소기업지원청(SBA ; Small Business Administration)의 도움을 받기로 했다. 다행히도 이것이 예상 외로 순조롭게 풀려 4천만 달러의 융자를 얻어내는 데 성공하였다. 미국에는 소기업을 지원하는 여러 가지의 길이 있다. 중소기업을 대상으로 은행 융자의 보증을 해주고, 융자를 신청하는 절차에서부터 중소기업의 운영관리기법까지 무료로 지도해 주는 SBA도 그 중 하나이다. 리브라더스 사는 창업 이래 지금까지도 계속해서 SBA의 지원혜택을 받고 있는데, 이승만 회장은 부도 없는 신용거래가 그의 자산이라고 말한다. 한

탕주의는 절대 금물이며, 장기적인 안목에서 신용 얻기에 노력한 것이 성공의 비결이었다는 것이다.

자기 사업을 시작하려는 이들에게 신용만으로 무담보 융자를 해주고, 일체의 뇌물이 없는 투명한 사업운영이 가능한 나라가 바로 미국이다. 이승만 회장은 창업 시기에 겪은 이러한 경험으로 인해 '미국은 사업가들에게 천국'이란 말을 다시 한 번 실감할 수 있었고, 신용 있는 사업가에게는 오히려 돈을 빌려주는 곳에서 줄을 선다는 것을 확인하였다. 이렇게 해서 리브라더스 사는 훗날 연 2억 달러의 매출을 올리는 기업으로 성장하기까지의 가장 근본적인 문제를 어렵지 않게 해결할 수 있었다.

그러나 사실 더욱 커다란 문제는 두 번째였다. 아무리 입장을 바꿔 본다고 해도 대형할인점의 등장에 가만히 물러설 소규모 식품점들이 아니었던 것이다. 하지만 직매장의 대형화 없이는 리브라더스 사의 미래도 없다는 확신이 들었기에 더 이상 주저할 수가 없었다. 결단을 내려야만 했다. 소규모 식품업자들이 이제 자신들도 변해야 할 때가 왔음을 인정하여 스스로 변화하던지, 아니면 그들이 개혁·변화하기를 기다리면서 일을 추진하는 수밖에 없었던 것이다.

이는 말이 쉽지 피눈물나는 어려움이 아닐 수 없었다. 보통 새로운 업체가 시장에 등장하게 되면 기존의 업자들이 단합하여 도매업자로 하여금 그 신생 기업에게는 물건을 공급하지 못하도록 요구하는 등의 방법으로 신생 기업의 진출을 막는 것이 당시의 일반적인 상황이었다. 또 만일 도매업자가 그렇게 하지 못했을 때에는 아예 그 도매업자의 물품을 사지 말자는, 단체불매운동까지 벌이곤 했다.

그런데 당시 도매업자의 위치에 있던 리브라더스 사는 주문이 있으

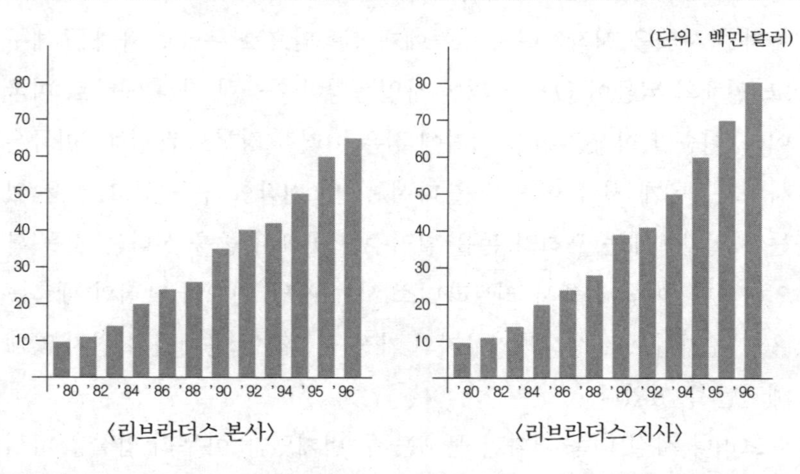

면 누구에게나 공급을 지속하였기 때문에 마침내 불매운동의 대상업체가 되는 수난을 겪어야만 했다. 하지만 전화위복이라는 말이 있듯이 이러한 수난이 결과적으로는 리브라더스 사의 직매점 진출에 정당성을 만들어 준 셈이 되었다고 이승만 회장은 말한다. 그리하여 대형창고에서 전국 500여 개 업소에 물건을 대주던 종전의 도매업 형태와 병행하여, 이제 전국의 주요 도시에 대형 직매장을 개장하는 전략을 가미하게 된 것이다. 리브라더스 사는 이로써 미 동부 지역에서 일본식품사를 제치고 동양식품 유통의 상권을 장악하는 시대를 맞이하게 되었다.

한편 리브라더스 사는 매출액도 크게 성장하여 1999년에는 소매에서 연 1억 달러, 도매에서 연 1억 달러로 총 2억 달러의 매출을 올리는 미국 내의 우수 중견기업으로 성장하였다. 이제 남아 있는 도전은 리브라더스 사를 백화점 속의 식품점이 아닌 식품점 속의 백화점으로 만들어 전세계로 확장해 나가는 것뿐이다.

기업가로서의 이승만

"직원들보다 먼저 출근하고 늦게 퇴근하는 것이 30년간 지켜 온 철칙입니다."

'아씨' 상표로 미국 내의 동양식품 업계에 확실한 입지를 구축한 이승만 회장은 리더십 우위의 경영 이론을 실증하고 있는 우수기업인이다. 그의 경영 철학은 직원들을 다스리기에 앞서 솔선수범하자는 것이다. 그는 창업 이후 첫 4년 동안의 평균 수면시간이 고작 서너 시간이었을 정도의 일벌레형 노력가였다. 언제나 작업복 차림에 낡은 구두를 신고 열심히 뛰어다니는 강인한 모습은 이승만 회장의 트레이드마크와도 같다. 그래서 그는 친근감과 솔선수범을 보여주는 현장리더십(hands-on leadership)을 발휘하며, 지금까지도 대가족의 수장 노릇을 해오고 있는 것이다.

단구의 거인

이승만 회장은 1938년 강원도에서 태어났다. 그는 경포초등학교와 강릉중학교를 거쳐 서울로 옮겨와 선린상업고등학교를 졸업하였다. 이후 성균관대학교 정치학과에 들어가, 그 곳에서 장차 정치인이 되겠다는 꿈을 키워갔다. 그는 대학 2학년 때 4·19를 맞아 학생운동에 적극 참여하였고, 후에 총학생회장을 맡으면서 정치지망생의 행로를 열

동양식품의 리더, 리브라더스 사의 팜플렛에 소개된 '아씨' 제품

심히 걸어가고 있었다. 그러던 중 미국으로 유학의 길에 오르면서 인생의 전환기를 맞게 되었다.

그는 먼저 조지워싱턴 대학의 대학원 과정에 입학한 뒤, 나중에 아메리칸 대학으로 이적하여 석사학위를 받았다. 그러나 그는 이 곳에서 장남으로서 3형제와 함께 뿌리내리기를 시도하는 방법으로 이민기업가의 길을 택하게 되었다. 애초에 정치인의 길을 가려 했던 그의 인생항로에 있어서 이는 커다란 변화가 아닐 수 없었다. 그만큼 자신의 인생에 기업가라는 모습으로 새로운 도전장을 내기까지는 많은 고민이 따랐지만, 이제 막 성장·발전해가는 교포사회의 모습을 지켜보면서 무언가 커다란 가능성과 틈새를 직감했던 것이다.

일단 목표가 정해지고 나면 그 때부터는 앞만 보고 무섭게 달려가는 노력가이자 모험가가 바로 이승만 회장이다. 돈을 버는 기쁨과 자신이 스스로 결단내린 모험적 성취에서 오는 기쁨 가운데 어느 것이 더 소중한가를 택하라고 한다면, 서슴지 않고 후자를 택하겠다는 그의 열정과 강한 성취욕이야말로 이민기업가의 고된 생활을 참아낼 수 있게 한 힘이었다. 또한 어려운 고비마다 자신만의 굳은 신념과 정면돌파의 과감성을 바탕으로 창의성을 발휘함으로써 승부를 거는 그의 기질은 곧 성공의 비결이 되었다. 이러한 점에서 그는 ①창업 비전, ②혁신, ③모험 감수의 용기와 인내라는 고전적 기업가 정신의 세 가지 본질 개념을 함께 실증시킨 기업가라고 할 수 있다. 한편 이방에서 새로운 고향 만들기를 위해 애써온 기업가로서의 이승만 회장은, 여기에 더하여 주간지 〈코리아포스트(Korea Post)〉의 발행인이라는 이력 또한 가지고 있다. 이렇게 해서 그는 언론인으로서의 활동을 통한 교포 사회의 발전과 기업가로서의 사명을 동시에 발휘하며 자신만의 인생 철학과 비전을 실현시켜 갔던 것이다.

'연간 매출 3억 달러', '전세계 1천3백여 개의 소매점 유통', '동양 식품업계 33% 점유율', '전세계 2백여 개국 직거래'. 이 모든 것이 리브라더스 사의 명성을 짐작케 하는 타이틀이다.

자신의 분야에서 끊임없이 학습·연구하고 다양한 체험을 통해 실패와 성공을 거듭하면서도 결국엔 최고가 될 수밖에 없는 경쟁력을 확보한 이승만 회장은, 이제 당당히 모범적 이민 1세 기업가로 자리잡았다. 사실 미국 내 교포사회는 많은 시련을 이겨내야 했던 이승만 회장의 과거를 잘 알고 있다. 식품 업계의 지각 변동이 가져온 집단 시비, 식품 밀수 시비 사건 등이 교포 신문에 대서특필되기도 했기 때문이다.[8] 그러나 그는 기업가의 본질에서도 으뜸이라고 하는 '혁신'과 실패의 위기를 극복해나가는 '인내심'이 뛰어난 사람이었다. 그래서 사람들은 그를 가리켜 '단구의 거인' 라고 부른다.

　미국의 슈퍼마켓이 뉴욕에서 아일랜드인으로부터 시작되었듯이, 동양식품 전문 슈퍼마켓은 워싱턴에서 한인 이민 1세 기업가 이승만 회장으로부터 시작되었다. 미국 내의 재계 리더로서 당당히 일어선 그의 소망은 한국식품의 세계화에 이바지하는 것이다. 이를 위해 오는 2005년까지 연간 매출 5억 달러 달성을 목표로 하고 있으며, 머지않아 북한 시장에까지 진출할 계획이다.

　김치조차 일본이 원산지로 인식되는 미국시장에서 한국식품문화의 정착과 '우리의 맛 알리기' 에 앞장서는 그의 행보에 많은 관심과 기대가 모아진다.

교포 언론계의 거두

언론의 황무지 한인 이민사회에 최초로 본격적인 언론사업을 개척한 언론기업가, 엄호웅. 그는 이민 온 우리 교포들이 이방의 이질문화 속에서 어떻게 하면 주인으로 살아갈 수 있을까를 늘 고민하던 중, 다양하고 가치 있는 정보를 발빠르게 제공하는 일에 개척자가 되기로 결심하였다. 이렇게 해서 시대를 읽는 남다른 감각과 애정으로 한인 교포사회에서 〈뉴욕한국일보〉를 창간하였고, 여기에 라디오 및 TV 방송국을 더한 멀티미디어센터를 만들어 냈다.

《뉴욕한국일보 25년사》에 기고한 한 독자는 "60년대 〈뉴욕한국일보〉는 고국 소식을 전하는 유일한 정보망이었다. 이 때부터 서울에서 신문을 우송하던 번거로움도 덜게 되었다"고 그 고마움을 표현했다.

엄호웅

뉴욕한국일보사 / 엄호웅

뉴욕한국일보사 **엄 호 웅**

이민사회의 발전과 함께 한 30여 년의 역사

하와이 이민으로 시작된 한인 이민사는, 1960년대를 전후로 하여 커다란 변화를 맞이하게 되었다. 1965년 새로운 이민법의 발효로 인해 대대적인 이민의 물결이 일어나, 한인 이민자의 수가 무려 120~130만 명으로 증가하게 된 것이다. 이는 1945년 이전의 1만여 명에 비하면 수적으로 가히 놀랄 만한 증가율을 보인 것이라고 할 수 있다. 이러한 변화의 바람에 때맞추어, 1971년 〈뉴욕한국일보〉의 전신인 〈뉴욕소식〉이 창간되었고, 이 신문은 '오직 봉사'라는 일념으로 이방에서 고국을 연결시켜주는 가교로서의 역할을 충실히 해냈다.

미국 내의 한인 이민사회가 유학생들의 친목과 유대의 수준에 머물렀던 시절부터 오늘날과 같은 거대 교포사회로 발전해 가는 동안 〈뉴욕한국일보〉 역시 30여 년의 긴 역사를 새기며 함께 성장해왔다. 이것은 미국에서 '내 고향 만들기'에 앞장서며 교포사회 발전을 앞당기는 노력의 과정이기도 했다.

영웅시대의 선구자

이문열은 그의 작품 《영웅시대》에서, 일제시대와 이데올로기 투쟁기에 학생으로 지내다가 6 · 25 전쟁에 휘말려 뒤죽박죽이던 세상에서 인생찾기 복구사업을 시작했어야 할 젊은이들을 영웅시대의 젊은이로 묘사했다. 말을 조심해야 한다고는 했지만 지나치게 자숙해야 했고, 공부를 하되 짜여진 틀 속에서 좁은 공간을 바라보고 했으며, 어려서부터 민족정기찾기 애국운동도 함께 해야 했던 시절의 젊은이들이 바로 1920년대와 30년대를 살아간 한국의 젊은이들이었다. 그래서 이들은 과거의 6 · 25 전쟁에 그렇게 집착하게 됐는지도 모른다. 더구나 이북이 고향인 실향민들에게는 자유와 기회의 나라 미국을 생각하는 느낌이 더욱 남다를 법도 하다. 이러한 세대의 한 사람으로 미국에서 제2의 고향 만들기를 시작한 사람이 바로 엄호웅이었다. 그는 이름도 미국식인 피터(Peter)로 바꿔가면서 새로운 땅 미국에서 자신의 인생 전부를 걸기로 결심한 젊은이었다.

한편 그의 모친 최영식 여사는 남편을 이북에 빼앗긴 슬픔에 잠길 겨를도 없이 한국전쟁 후의 모진 피난생활을 겪어야만 했다. 그녀는 이 때부터 나이 어린 두 아들 형제를 키우는 여성 가장으로 홀로서기를 시작하여 당대 한국의 신여성으로서의 삶을 꿋꿋이 살아냈다. 그 어머니의 사랑과 보살핌의 힘으로 엄호웅은 연세대 의학도가 되었고, 1954년 마침내 단신으로 유학의 길을 떠나게 된 것이다. 이때 그의 나이 32세였다.

그는 뉴욕 주 버팔로 대학(Buffalo University)에서 화공학(Chemical

Engineering) 학사학위를 받았고, 로체스터 대학(Rochester University)에서 역시 화공학으로 석사학위까지 취득하는 학구열을 보였다. 이 과정에서 그는 고된 일과 학업을 병행해야 하는 고학생의 시련을 모두 다 이겨내며, 이제 그만 귀국하여 취직을 하려고 했다. 그러나 이 또한 여의치가 않았다. 그래서 일단 미국에서 일자리를 구하기로 한 것이 훗날 그의 운명을 결정짓는 계기가 된 것이다. 이 때부터 미국에서 새로운 고향을 만들어가겠다는 그의 결심이 드디어 실천으로 옮겨지기 시작했다.

미국의 첫 직장이었던 명문기업 바드제약에서의 연구원 자리는 그에게 생활의 안정과 편안함을 주었고, 당시 유학생이던 한 여성과 결혼하여 가정을 이루고 미국시민으로서의 생활을 시작하도록 해주었다. 그러나 그는 곧이어 자신의 천성이 대기업의 회사원으로만 만족할 수는 없음을 깨닫고 새로운 미래를 개척해나갈 구상을 하게 되었다. 그때 마침 한국의 한 무역회사가 그를 찾아와 화학제품인 '맨솔크리스탈'의 판매를 의뢰해 왔다. 그리고 그는 이 판매 의뢰를 성공시킴으로써 당시의 수입으로서는 꽤 큰돈을 벌 수 있었다. 이것은 후에 그의 사업자금이 되었고, 그가 독립적 기업가의 길을 걷게 되는, 인생에 있어서 또 한 번의 결정적인 계기가 되었다.

그는 일찍이 자신의 전 생애에 걸친 비전을 확고히 정한 사람이었다. 즉, '미국에서 새 고향 만들기'를 비전으로 삼고 이를 실현할 수 있는 실질적인 방법에 대해 진지하게 고민하였다. 그리고는 앞으로 얼마 안 있어 한인 이민자들의 급속한 증가가 있을 것을 예견하고, 점점 늘어가는 교포사회에 빠르고 정확한 언론활동의 필요성을 절감하며 자신의 사명을 구체화시켜 갔다. 이 때부터 그는 지금까지 하던 일을 처분하고 본격적으로 언론사업의 주축인 신문 발행에 정열을 불태우기 시작했다.

단돈 5천 달러만으로 새로운 분야에서의 창업에 도전할 수 있었던 용기는 자신의 꿈을 꼭 이루고야 말겠다는 정열과 부인의 적극적인 내조가 있었기에 가능했다. 하지만 또한 이 과정에는 그의 남다른 승부욕과 창의성이 커다란 도움으로 작용하기도 했는데, 그가 대기업 사원으로서의 생활에 불만을 느낄 무렵 자신의 비전을 실현시키기 위한 하나의 수단으로 시작한 것이 망해가는 작은 여행사를 인수한 것이었다. 이렇게 인수한 작은 기업을 3년(1964~67) 만에 성업 기업으로 키워내, 이를 다시 파는 식의 작은 규모의 인수합병(M&A ; Mergers & Acquisition)으로 커다란 사업자금을 만들었던 것이다. 이는 그에게 있어서 기업 경영에 투신하는 자신감을 갖게 해준 좋은 계기였다.

셋방 하나에서 매스컴종합센터로

신문사를 시작한다는 것, 더구나 미국에서 그 창업을 한다는 것은 사실 막막한 일이었다. 그러나 정열적이고 창의적이었던 엄호웅 회장은 그의 비전이 현실의 벽에 부딪쳐 포기되도록 놓아둘 수는 없었다. 그래서 생각한 것이 신문 만들기에 앞서 우선 한국 신문판을 미국으로 우송해 온 다음, 그것을 재인쇄하여 독자들에게 배부하는 작업이었다. 이는 일종의 인쇄소 겸 배부소 사업의 시작이었다. 이러한 구상 아래 그는 곧바로 당시 한국일보사 및 조선일보사와의 교섭에 들어갔고, 이 가운데 기업 발전에 보다 유리하다고 판단된 한국일보사를 최종적으로 선택하게 되었다. 이것은 그가 택한 인생 최대의 모험이자 결단이었다.

그러나 당시에는 재산이라고 해봐야 모두 합쳐 5천 달러도 안 되던 시기였으므로, 그는 주변 사람들로부터 이리저리 자금을 끌어모아서 우선 조그마한 인쇄보급소를 차리기로 하였다. 이렇게 해서 뉴욕 맨해튼의 대한중석 건물 3층에 조그마한 방을 세내어 한국일보 본지를 들여왔고, 이를 66%로 축소·인쇄하여 신문을 펴내기 시작하였다. 작지만 이제 어엿한 '내 사업'을 갖게 되었다는 생각에 그는 아파도 신이 났다. 아니 당시의 생활은 병이 날 시간도 없을 만큼 분주했고, 이렇게 이민기업가로서의 그의 인생은 막이 올랐다. 새로 시작하는 길이니만큼 그는 신문사의 경영실무에 관한 한 무엇이든지 열심히 배워나갔다. 이러한 정성과 열의가 있었기에 처음에 125명의 독자를 상대로 시작하였던 사업이 지금은 2만 부의 정기구독자와 6천여 부의 가판을 발행하는 최대 규모의 교포 신문사로 성장·발전하게 된 것이다.

뉴욕한국일보사는 현재 2백 명에 달하는 직원들이 다양한 정보를 주야로 취재·봉사하는 가운데, 이제는 미국 교포사회에서 건전한 명문 언론기업으로 굳게 자리잡게 되었다.[1]

교포사회의 유수 일간지로 부상

〈뉴욕한국일보〉는 1990년대에 들어서 매일 70페이지 가량의 지면을 할애하여 ①본국소식, ②세계뉴스, ③교포소식, ④각종 생활정보·문화·예술·스포츠 및 교육소식 등을 전하고 있다. 독자가 원하는 다양한 정보를 신속하고 정확하게 전달할 것을 목표로 하는 〈뉴욕한국일보〉가 우수한 신문으로 정평이 난 데에는 몇 가지 이유가 있다.

첫째, 주간·석간·지방(뉴욕) 신문까지 하루 3부의 신문을 발행한다. 주간과 석간의 동시 발행은 사람들이 가진 저마다의 다양한 라이프

스타일에 대한 배려이며, 이는 동시에 신속한 정보 제공을 가능하게 하였다. 또한 뉴욕 지방판의 발행은 그 지역의 소식과 정보를 보다 상세히 접할 수 있도록 하여 〈뉴욕한국일보〉만의 차별성을 부각시켰다.

둘째, 7개 지사·3개 지국망을 가지고 약 1천여 명의 인원이 신문 제작·배포·배달까지의 전 과정을 조직적으로 확산해갔다. 뉴욕 본사에만 2백여 명이라는 최대 규모의 우수한 인적 자원들이 활동하고 있는 뉴욕한국일보사는, 명실공히 미국 동부 지역의 최대 신문사로서 그 실력을 과시하고 있다.

셋째, 컴퓨터식자 시대에 맞추어 장비면에서도 단연 앞서가는 개혁을 실시하였다. 그 결과 컬러윤전기로 전 과정을 자동화하여 생산성을 향상시키고, 컬러지면의 가장 빠른 시도를 선보였다.

넷째, 뉴욕 지역 인구 25만 명 중 3분의 2 이상이 〈뉴욕한국일보〉를 구독, 최대 부수 발행 기록을 유지해왔다. 발행부수는 신문사의 가시적인 성장률을 가늠할 수 있는 기준이 되므로, 이는 〈뉴욕한국일보〉가 그만큼 많은 독자들에게 사랑을 받고 있다는 증거이다.

다섯째, 타 경쟁신문에 비해 압도적으로 많은 광고를 싣고 있다. 〈뉴욕한국일보〉는 날마다 1천5백 건 가량의 안내광고를 내고 있는데, 이는 이 신문이 많은 사람들에게 읽히고 있으며, 광고 효과 또한 그만큼 높다는 것을 말해주고 있다.

〈뉴욕한국일보〉가 오늘날과 같은 명성을 얻을 수 있기까지는 본 신문만의 많은 특종 기사들도 한몫을 했다. 이 가운데 하나가 바로 1975년의 탈크 보도사건이다. 쌀에 광물질의 일종인 탈크가 입혀져 있다는 정보를 추적하는 과정에서 그 탈크 속에 발암 물질인 아스베토스가

함유되어 있다는 놀라운 사실을 보도하게 된 것이다. 이에 일본쌀 보급회사인 노무라 회사는 손해배상소송을 제기하였고, 심지어 한인 교포가 운영하는 식품업체들까지도 노무라 회사의 편에 서서 〈뉴욕한국일보〉를 규탄하는 등 교포사회의 여론이 들끓기 시작했다. 그러나 진실을 추구하는 노력은 끊임없이 계속되어, 병리학 의사인 김재수 씨의 증언 등 전문가들과의 인터뷰를 연일 특종으로 다루어갔다. 이러한 과정에서 결국 노무라 회사가 소송을 취하하고 탈크 사용의 금지를 약속함으로써 사건은 일단락되었다. 이 사건은 당시 미국 여론의 대변지인 〈뉴욕타임스〉조차 취재 방문을 했을 정도로 커다란 사건이었고, 언론의 정도(正道)를 걷겠다는 〈뉴욕한국일보〉 사명의식의 한 표현이기도 했다.[2]

한편 〈뉴욕한국일브〉는 신문 제작에 있어서도 교포 언론사상 최초로 인공위성전송시스템을 갖추었다. 이를 통해 본국에서보다 24시간 먼저 한국 신문을 볼 수 있게 되었으며, 8대의 윤전기를 설치하여 1시간에 무려 2만 부 이상의 신문을 제작할 수 있는 능력을 갖추게 되었다. 기사 작성·제작·관리에 이르는 전 과정이 전산화됨으로써 작업의 신속성과 능률성 면에서 커다란 향상을 가져오게 된 것이다. 게다가 24시간 방송체제로 개국한 KBS 라디오와 하루 12시간 방송의 KBS-TV(채널 53)를 뉴욕한국일보사의 자매회사로 갖추게 되면서, 명실공히 뉴욕의 '한국대스컴종합센터'로 발전하였다. 요컨대 뉴욕한국일보사는 신문·TV·라디오를 통한 다양한 채널을 확보함으로써 교포사회에 보다 확실하고 신속하게 종합적 서비스를 제공하는 시대를 맞이하게 된 것이다.

〈표 4-1〉 뉴욕한국일보사 연혁

- 1967년 9월 25일 : 한국일보 뉴욕지사를 맨해튼 10W. 56st. 대한중석 건물 3층에서 창립. A. B. Dick 옵셋 인쇄기로 한국일보 본지를 66% 축소 인쇄하여, 첫 달 125명의 구독자에게 우편 배달

- 1968년 4월 : 사무실을 맨해튼 48W. 48st.로 이전. 신형 옵셋 인쇄기 A. B. Dick 380 도입. 본지를 90%로 축소 인쇄

- 1971년 12월 2일 : 〈뉴욕소식〉창간호 발행. 〈뉴욕소식〉 창간호를 'Korea Newspaper Co.' 이름으로 발행

- 1974년 8월 : 최신 고성능 윤전기 도입. 롱아일랜드 시티 37-27 27St.로 인쇄부를 이전

- 1975년 5월 8일 : 뉴욕판 제호를 〈미주한국〉에서 〈뉴욕한국〉으로 변경

- 1975년 7월 : 합동 텔렉스(Telex)를 설치하여 본국 소식을 같은 날짜에 독자에게 전달

- 1975년 12월 : 최신 주소인쇄기 멀티플 어드레소그래프(Multiple Addressograph) 도입

- 1976년 1월 : 편집실을 맨해튼 44가에서 인쇄기가 있는 롱아일랜드 시로 이전. 편집 · 인쇄의 일원화로 신속 제작

- 1976년 3월 : 주 1회의 〈뉴욕한국〉을 주 2회 4면으로 증면 발행

- 1976년 5월 : 주 3회 6면으로 증면. 식자기 1대 추가 도입

- 1979년 6월 9일 : '어린이판' 발행. 담당자 허병렬 씨(한국학교 교장)

- 1977년 3월 : 창설 10년 만에 새 사옥 마련

- 1977년 4월 : 〈뉴욕한국〉을 일간으로 발행. 로이터통신과 계약 체결

- 1982년 : 종교면, 교육면, 건강 · 여성면, 문예면 등의 증면 단행

- 1986년 1월 : 사옥 증축

- 1986년 7월 14일 : 위송 전송판 발행. 뉴욕 교포들이 고국 동포들과 같은 시간에 소식을 접하게 됨

- 1987년 9월 : 한국라디오방송(KBC FM) 개국. 〈뉴욕타임스〉의 자매 방송인 96.3MHz WQXR-FM의 서브캐리어로 하루 24시간 방영

- 1990년 4월 : 채널53 KBS-TV 방송 개국. 본국 KBS의 주요 뉴스 · 오락 · 문화 프로를 인공위성으로 수신 방송. 현지에서는 Group W.사와 CNN으로부터 공급받는 최신 뉴스를 토대로 하루 3회 자체 뉴스 제작 방영

- 1991년 4월 : 업무 제반의 컴퓨터시스템화. 구독 · 광고 · 경리 전산 입력 개시 편집 · 식자 컴퓨터 시설 도입. 컬러분해기 도입으로 지면 컬러화

▶ 자료 : 《뉴욕한국일보 25年》, pp. 32~33.

새로운 고향에서의 뚜렷한 흔적

엄호웅 회장은 언론인으로서의 활동 외에도 지난 1981년 이후 뉴욕한인봉사센터 이사장직을 맡아온 것을 비롯, 미국 내 최대 사회봉사기구인 유나이티드웨이(United Way)의 아시아계 공동의장 및 한국전참전군인 기념사업위원회의 부위원장으로서 사회봉사활동에 많은 힘을 기울여 왔다. 이에 따른 많은 보상이 그의 업적을 실증하고 있는데, 1972년 대한민국 국민훈장 석류장, 86년 국민훈장 목련장, 86년 뉴욕시의 소수민족 지도자상, 89년 뉴욕 시 상공회의소의 우수기업인상 등의 수상이 그 대표적인 예라고 할 수 있다.

여기서 그가 해낸 사업 가운데 가장 보람을 느낀 것은 한국전참전기념비 건립 추진이었다. 한때 미국 내에서는 한국전쟁에 대한 역사적

배터리파크의 한국전참전기념비 건립 모습

의미가 평가절하되었고, 수십만의 한국전 참전용사들은 정당한 대우를 받지 못한 채 사람들의 기억 속에서 점차 잊혀져 가고 있었다. 이에 뜻있는 교포 기업인들이 적극 앞장서서 한국전쟁 기념사업에 동참하기 시작했다. 그리하여 5년간에 걸친 기념비 건립 모금운동이 대대적으로 전개되었다. 이때 엄호웅 회장은 총 공사비 135만 달러의 3분의 2에 해당하는 95만 달러를 교포사회와 한국의 유수 기업들로부터 모금함으로써 이 기념비가 건립되는 데 절대적인 공헌을 하였다.

엄호웅 회장은 2차세계대전과 북한의 공산화에서부터 한국전쟁으로 이어지는 시기의 삶을 살아오며, 그의 젊은 시절을 엉망으로 만들어 놓았던 아버지의 납북과 피난생활의 격동적 시련이 뼈에 사무친 사람이었다. 이런 그에게 미국에서의 한국전참전기념비 건립은 그의 생을 대변해주는 증표가 되는 듯 했다. 그는 어쩌면 한국전쟁 당시 남한으로 피난 왔던 영웅시대 젊은이로서의 한과, 아버지를 이북에 빼앗긴 슬픔, 자식들을 홀로 뒷바라지하시던 어머니에 대한 아픈 기억, 그리고 이러한 시절을 뒤로 하고 도미 유학한 자신의 과거를 미국 땅에서도 잊지 않으려 했는지도 모른다. 이처럼 그가 유독 많은 열의를 보였던 한국전참전기념비는 지금 뉴욕 배터리파크(Battery Park)에 건립되어 많은 사람들로 하여금 '잊혀진 전쟁'을 기억하게 하고 있다. 동시에 이 기념비는 이제는 유명을 달리한 엄호웅 회장을 추억하게 하는, 마치 그 자신의 기념비 같은 느낌이 들게도 한다.

기업가로서의 엄호웅

엄호웅 회장은 35년 여의 미국생활을 한인 이민사회의 정착에 바쳐온 언론인이자 개척자적 정신을 견지해 온 기업가였고, 동시에 사회봉사활동가였다. 의학을 전공한 유학생이 학업을 마친 후, 이제껏 경험해보지 못했던 기업가가 되는 것은 매우 큰 변신이었다. 미국이 기업가의 천국이라고는 하지만, 사실 무(無)에서 유(有)를 창조한다는 모험은 보통 사람들에게는 무척 어려운 것이었다. 그러나 '시련은 있어도 실패는 없다'는 어느 기업가의 신조와 같이 그의 정열과 용기가 실패라는 단어를 잊게 했는지도 모른다. 모든 것이 낯설고 새로운 것이었지만 그의 강인함은 일의 추진력으로 작용했고, 새로운 것을 배우고 만들어내는 그의 탁월한 혁신적인 사고와 감각은 자신의 꿈을 현실로 바꾸어 놓았다. 사실 교포사회에서 언론사업을 한다는 것 자체가 시대흐름에 대한 선진적 감각을 요구하는 일이기도 했다. 이렇듯 시대의 흐름을 면밀히 관찰하고 예견하여, 기업 환경을 시의 적절하게 변화시켜 나가는 것이 바로 그의 장점이었다.

그러나 뉴욕한국일보사의 창업과 성공에 있어서 잊어서는 안 될 것은, 그 이면에 있는 기업가 정신의 본질, 그 중에서도 전문경영인과의 협동적 리더십이라고 할 수 있다. 비전·혁신·모험감수의 세 가지 요소가 기업가 정신의 본질적 요소라면, 창업 이후 우수한 기업으로의 발전을 위해서는 전문경영인과의 협동이 필수적인 요소임을 기존의 기업발달사가 실증하고 있다. 세계 최대기업 만들기에 성공한 헨리 포드 1세가 협동정신을 잃고 독재형 리더십을 고집했을 때, 뒤따라오던 제너럴모터스(General Motors) 사에 의해 추월당하고 한때 파산지경의 몰락 과정을 밟게 된 적이 있었다. 이러한 사례는 창업자와 전문경영인의 협동이 중요한 성공 비결의 하나임을 가르쳐주고 있다. 뉴욕한국일보사가 위대한 언론기업으로 성장할 수 있었던 원인 가운데 하나는 창업자 엄호웅과 전문경영인 엄호택 형제가 한 팀이 되어 멋진 팀워크를 발휘했다는 데 있을 것이다. 창업도 중요하지만 경영 역시 중요한 것이다.

엄호웅 회장은 한인 이민 증가가 예상되던 1967년에 뉴욕한국일보사를 창설하였다. 이 때부터 초창기 이민사회에 고국의 소식을 전하며 향수를 달래게 했고, 한인사회의 인구증가와 더불어 신문의 지면을 대폭 확대하면서 미국사회 정착을 위한 다양한 생활정보를 제공하는 등 종합일간지로서의 뿌리를 굳혀갔다. 그는 또한 1987년 24시간 방송의 뉴욕한국라디오방송을 창설하였고, 1990년에는 아시아계로서는 최초로 미국 본토 내에 TV 방송국을 설립했다. 이로써 미주 소수민족계 최초로 신문·라디오·TV를 모두 갖춘 종합매스컴센터로서의 발전을 꾀하였다. 이처럼 그는 의학도에서 화공학도로, 그리고 회사원에서 종합매스컴센터의 운영자로 변신해가는 감각과 창의성이 유난히 돋보이는 사람이었다.

동양인들이 흔히 영원한 외국인, 즉 영원한 손님으로 남는 곳이 바로 미국이라고 한다. 그래서 철저하게 자기 나라 사람들이 사는 마을을 따로 만들어 그들끼리 모여 사는 사람들은 주로 동양인이었다. 그 가운데 대표적인 동양인은 중국사람으로, 그들은 '차이나타운'이라는 아성을 쌓기도 하였다. 그러나 유럽 이민자들이 타향에서 고향 만들기를 전국적으로 해왔듯이, 이제 동양인들도 미국 내의 '자기 마을'이라는 테두리를 벗어나 당당한 주인으로서 리더가 되는 일에 앞장서야 할 것이다. 이러한 의미에서 영웅시대의 젊은이로서 분단된 조국을 멀리하고, 이념 경쟁의 투사가 아닌 경제적 발전의 재계 지도자가 되어 많은 사람들에게 일자리를 만들어 주고, 타향살이의 향수를 달래주며, 미국 안에서 당당한 새 시민으로 성장할 수 있도록 도운 기업인들이 더욱 자랑스러운 것이다. 이들의 업적과 소망은 이제 2세, 3세로 이어지고, 그들이 또한 이방에서 좋은 고향을 만들어가는 일에 최선을 다해나갈 것이다.

참다운 기업가에 대한 정의는 끊임없이 변화하기 때문에 언제나 새로운 사례를 요구하고 있지만, 엄호웅 회장과 같은 선구자적인 기업가는 21세기를 맞이한 현재에도 참다운 기업가의 좋은 모범이 되고 있다.

맨주먹 무예의 세계화

태권도는 한국 전통의 문화 양식으로서 유일하게 세계화되어 한국 외교의 중요한 문화적 수단이 되어 왔다.[1]

특히 2000년 시드니올림픽에서는 정식 종목으로 채택되기도 했는데, 태권도가 이처럼 국제 경기 종목으로 성장·발전하기까지는 태권도인들, 그 중에서도 재미 한인 태권도 사범들의 공헌이 매우 컸다.

우리는 흔히 한국의 대표 상표가 어디 있는가 하고 안타깝게 생각한다. 특히, 오늘날과 같은 국제화 시대에 다른 나라에 비해 앞서가는 우리만의 자랑스런 상품이 부족함을 아쉬워한다. 그러나 미국에서 새로 생겨난 이준구 사범의 발레 태권도·교육 태권도 등은 미국 내 온 가족의 건강 스포츠로서 자리잡아 갔고, 이러한 과정은 많은 사람들에게 감동을 안겨준다. 맨주먹 무예를 낯선 이국 땅에서 상품화시킨 창의적인 두뇌와 열정의 소유자, 이준구 사범. 그는 기회의 나라 미국을 이해하는 데 많은 도움을 주는 산 증인이다.

이준규

준리태권도장 / 이준구

'차렷, 경례' 호령으로 시작한 태권도 시범

1963년, 미국 최대의 명절이라고 하는 '추수감사절(Thanksgiving Day)'에 워싱턴 시 변두리의 어느 교회에서는 이색풍경이 벌어졌다. 한국 유학생들이 초대된 추수감사절 만찬에 별안간 태권도 도복을 입은 미국 청년들이 입장했던 것이다. 그리고는 키 작은 한인 태권도 사범이 나타나 10여 명의 미국인 제자들을 호령하며 태권도 시범을 선보이기 시작했다.

"차렷! 경례! 준비!"

파란 눈의 사나이들은 한국어 구령도 척척 알아듣고 절도 있는 시범을 선보였으며, 그 넓은 실내를 뒤흔드는 기운찬 기압소리는 사람들로부터 박수 갈채를 이끌어냈다. 아마도 당시의 미국 교민들이나 워싱턴 근교의 한국 유학생들에게 한국의 무예, 태권도의 그 멋진 시범은 무척이나 감동적이었을 것이다. 그때 그 사범이 바로 미국에 가장 먼저 태권도를 소개하여 오늘날 미국 내에 '태권도 혁명'을 일으킨 이준구 사범이었다.

태권도의 대부

미국에서 '태권도의 대부(The Father of TaeKwonDo)'로 통하는 재미 태권도 사범 이준구(미국명 준 리, Jhoon Rhee). 그는 미국 이민국이 선정한 '유명한 이민자 200명'에 한국인으로서는 처음으로 선정되는 영광을 안았다. 이 명단에는 미국의 전직 국무장관인 핸리 키신저와 매들린 올브라이트를 비롯하여 야후의 공동설립자인 제리 양, 과학자 아인슈타인 등 세계적으로 유명한 사람들이 포함되어 있다. 이준구 사범의 이름이 이들과 나란히 설 수 있었던 것은, 아메리칸 드림(American Dream)을 찾아 미국까지 건너간 그가 미국 역사의 객체가 아닌 주체로서 자리매김하고 있다는 것을 증명하는 것이다.

1999년, 이준구 사범은 미국 정계의 거물 제자들인 리빙스턴(전 하원의장 예정자), 에스피(전 농무장관)를 위시한 미국인 250명을 거느리고 태권도의 종주국인 한국에 왔다. 그 해의 미국 독립기념일 행사에 태권도 시범경기를 보이기 위해 방문단을 이끌고 고국을 찾은 것이다. 또한 그는 제1회 한미태권도인 우호교류연수대회(1999. 7. 2 ~ 7. 8)의 미국측 단장으로 참여하기도 하였다.

하지만 태권도와 관련한 그의 명성은 한국에서보다 오히려 미국에서 더욱 대단하다. 미국 대통령 체육교육 특별 고문 후계자로서 한국에서 유에스오(USO) 준리쇼 개최, 정계·언론계 명사를 제자로 가장 많이 가진 사범, 1999년 올해의 '이민성취상' 수상, 1976년 미 독립 200주년 '세계의 무술인' 스포츠상 수상, 5권의 태권도 관련 도서 출판 등 이준구 사범의 명성을 말해 주는 타이틀은 이루 말할 수 없을 정도로 많다. 맨주먹으로 미국에 건너 온 그가 오늘날 이처럼 유명인사가 되어 '태권도의 대부'로 불리기까지의 삶은 어떠했는지 살펴보자.

뺨 안 맞는 강한 사람되기

이준구가 운동을 시작하게 된 계기는 의외로 사소한 것에서 비롯되었다. 6살이던 그는 5살짜리 옆집 아이에게 뺨을 맞고 들어와 울고 있었다. 그런데 어머니에게 또 다시 뺨을 맞고야 만다. 우습지만 이것이 계기가 되어 운동으로 몸을 단련하게 되었다고 한다.

충청도 아산 출신이던 그는 1946년 서울의 동성 중학교로 옮겨갔다. 몸이 약했을 당시 친척의 권유로 '청도관'이란 도장에서 태권도를 배우기 시작했고, 그 때부터 육체적인 힘과 더불어 어떠한 상황에서도 꺾이지 않는 자신감을 단련해갔다. 사실 훗날 이준구의 삶에 있어서 결정적인 전환점으로 작용했던 두 가지는, 이처럼 태권도를 수련하게 된 것과 자신의 마음 속에 미국이라는 나라를 떠올리게 된 것이었다.

그가 미국을 처음 안 것은 해방 이후 불어닥친 미국영화를 통해서였다. 15살이던 어느 날, 몰래 미국영화를 보러 갔다가 영화 속의 주인공에게 반하여 언젠가는 꼭 금발의 미인과 결혼하겠다고 생각했었다. 어린 시절의 이러한 황당한 꿈이 이후 태권도 수출의 꿈을 이루게 한 근본 동기였다고 한다.

"믿어지지 않겠지만, 제가 태권도를 시작한 것이나, 그때 미국영화를 본 것, 그리고 미국행을 결심한 것도 태권도를 미국에 보급해야만 한다는 저의 운명적 사명(Mission) 때문이었다고 생각합니다." [2]

이후 그는 태권도 학과가 막 신설된 동국대학교에 들어갔지만, 입학한 달만에 한국전쟁이 일어나 그의 한국에서의 정규교육은 이렇게 끝을 맺게 되었다.

그는 한국전쟁에서 육군 항공기 정비 장교로 근무했었는데, 그러던 중 마침내 군인 도미 유학과정을 밟아 텍사스 주로 가는 기회를 얻게 되었다. 그 곳에서 군사 과정 교육을 받으면서 미국 교회에 나가 사람들을 사귀고 착실한 신앙생활을 하였다. 하지만 이준구는 자신이 곧 한국으로 돌아가야만 한다는 것을 알았기 때문에, 학생 신분으로 자신을 다시 미국으로 오게 할 수 있는 미국인 재정보증인을 찾기에 골몰하였다. 당시는 미국인 재정보증 없는 민간인의 도미란 불가능하였기 때문이다.

그러던 어느 날, 군인 유학과정이 다 끝나가고 귀국할 날이 가까워졌을 무렵, 드디어 그에게 기회가 찾아왔다. 귀국을 앞둔 마지막 주일 교회 예배에 참석하였을 때 그의 재정보증인이 되어줄 번팅(Bunting) 씨를 알게 된 것이다. 이 때부터 번팅 씨의 도움으로 미국 유학준비를 할 수 있었고, 유학을 위한 과정에서 필요한 국가시험까지 통과하였다. 이후로 제대 수속을 거쳐 실제로 도미하기까지 거의 1년이란 시간을 투자하여 다시 미국 텍사스 주에 오게 되었을 때, 이준구는 주립대학의 신입생이 되어 있었다. 그러나 그때 그의 수중에 있는 돈은 고작 46달러가 전부였다.

고학생 시절은 식당의 접시닦이부터 안 해본 일이 없었다. 허드렛일을 하면서 그렇게 2년간의 세월을 보내야만 했다. 몸은 고되었지만, 머릿속으로는 이 머나먼 미국 땅에서 '내가 아니면 안 될' 일이란 무엇인가를 항상 진지하게 고민하였다. 그러던 중 이준구는 1962년 6월 28일 워싱턴에 처음으로 태권도 도장을 열게 되었다. 이는 평범한 유학생 신분에서 한국 태권도의 사범으로 변신하는 순간이었으며, 이 때부터 한인 이민 1세 기업가로서의 생애가 시작되었다. 그는 늘 "12학점만을 남겨놓고 토목공학 학사학위를 태권도 사범으로 대치하였노라"고 말한다. 학위 대신 자신의 평생의 사명으로 태권도 기업가를 택한 아쉬움과 결의를 같이 표현하고 있는 것이다.

워싱턴에서 선풍을 일으킨 미국화 태권도

1960년대 초반 워싱턴에 태권도 도장을 연다는 것은 미국 중심에 태권도를 심는다는 것과 같았다. 그 당시에는 미국에서 한국에 대한 인식이 거의 없었기 때문에 한국인이, 그것도 낯선 무예 태권도를 가르치는 도장을 연다는 것은 그 성공 여부가 매우 불확실한 위험한 일이었다. 하지만 이준구 사범은 누구보다도 먼저 유학생에서 태권도인으로 변신하여 미국 백인사회에 용감하게 뛰어든 개척적 선구자였다. 그는 언어 및 문화적 차별대우의 장벽을 용기 있게 넘어서면서 태권도의 이미지를 향상시키는 데 온갖 열성을 다하였다. 무엇보다도 이방에서 주인으로 살기 위해 한국인으로서의 긍지를 그대로 간직한 채, 미국사람보다 더 미국사람 같다고 불릴 정도로 '미국화' 노력에 열심이었다.

특히, 그는 한국 태권도의 위상을 높이고 올바르게 알리는 전략으로 ①태권도 무예정신의 대중화, ②정치·언론·체육 등 다양한 분야에 대한 꾸준하고 강도 높은 접근 시도, ③태권도 경기의 신체보호장비 혁신·제조·배부, ④지덕체(智德體) 사상을 근본으로 한 인성훈련을 지향하는 태권도 등 '준리식 태권도' 개발에 열중하였다. 덕분에 워싱턴에서 한국 태권도를 배우기 위해 몰려드는 사람들은 눈에 띄게 늘어갔고, 이는 훗날 이준구 사범이 미국 전역으로 태권도를 보급하는 데 든든한 발판이 되어 주었다.

《미국에서 자수성가한 사람들》이라는 책에 소개된 25명의 주인공 가운데에는 이준구 사범이 당당히 포함되어 있다. 특히, 그를 가리켜 '한국의 뿌리를 자랑스러워하는 사람이면서도 마치 미국사람 같고, 게다가 미국 국가에 맞춰 성조기를 손에 들고 태권도 무용을 선보이며, 조지 워싱턴을 찬송하는 특별한 이민 1세' 라고 한다. 이렇듯 별난 사람 이준구 사범은 열정적이고, 대단한 자신감을 소유한, 주경야독형의 노력가이다. 그래서 그는 창의와 혁신에 넘쳐흐르는 새것 만드는 정신, 즉 개척자 정신에 차 있는 사람이라고 할 수 있다.

누구도 나를 괴롭히지 못한다

400달러를 빌려 게재한 〈워싱턴포스트〉 지의 주말광고와 이후 워싱턴 TV 광고에서 유명해진 '누구도 나를 괴롭히지 못한다(Nobody bothers me)' 라는 문구는 이준구 사범의 아들이 출연한 광고에 나오는 말이다. 이것은 범죄가 많다는 수도 워싱턴에서 호신술(self-defense)로도 유용한 한국 태권도를 알리는 방법으로 상당한 효과가 있었다.

이 무렵 이준구 사범은 태권도를 통해 정계 진출까지 하였다. 그는 어느 날 〈워싱턴포스트〉 지에서 미 하원의원이 강도를 당한 기사를 읽게 되었다. 그리고 그 즉시 피해자인 제임스 크리블런드 의원과의 통화를 시도하여, 태권도야말로 최고의 호신무예임을 강조하며 태권도를 수련하도록 설득하였다. 이는 그의 적극적인 성격과 일의 놀라운 추진력을 드러내주는 사건이었다. 어쨌든 이것이 인연이 되어 그는 정계 지도자들의 호신무예 겸 체육훈련으로 태권도 수련을 맡아서 해왔고, 이제는 국회의사당 안에 도장을 열게 되었을 정도이다. 창 휠리 하원의원에서부터 저명한 상원위원, 행정부의 농림부 장관 등 100여 명의 정계 지도자들이 모두 그의 제자이다. 요컨대 1965년 2월에 '미국 국회태권도클럽'을 창설한 이래 정계의 저명한 인사들이 준리태권도의 문하생이 되었던 것이다. 이후로 그의 명성은 나날이 커져만 갔다. 도장운영 첫 3개월 만에 수련생이 125명으로 늘어났고, 5개의 주요 TV 방송국에서는 준리태권도의 광고가 매주 방송되었으며, 자연스럽게 도장의 수입도 크게 늘어갔다.

준리태권도 도장은 워싱턴에서 지방으로까지 급속하게 확장되어 텍사스 주에서 플로리다 주, 중부 미네소타 주, 그리고 서부 아리조나 주까지 넓혀졌다. 준리 도장의 확장은 여기서 그치지 않고 훗날 미국에서 세계로 뻗어나가는 제2의 도약을 이루게 되었는데, 특히 냉전 종식 후의 구소련 진출은 커다란 쾌거가 아닐 수 없었다. 그야말로 이준구 사범의 준리 도장이 급성장하는 전성시대가 시작되었던 것이다.

이처럼 미국 내에서 도장을 순식간에 늘려나간 데에는 동양 철학에 근거한 이준구 사범만의 독특한 경영 철학이 한몫을 담당했다.

"태권도도 비즈니스이기 때문에 나름대로의 경영 철학이 필요합니다. 제가 중시하는 것은 전화를 받을 때의 예의에 관한 것입니다. '전화를 받을 때 최대한 친절하게 받아라' 는 것이죠. 1만 달러짜리 광고를 하면 도장에 걸려 오는 전화가 1,000건을 넘기지 못합니다. 전화 1통에 10달러인 셈이죠. 그런데 운동중이라 바쁘다는 핑계로 설명도 성의 없이 하고, 심지어 전화를 받지 않는 경우도 있습니다. 이것은 10달러짜리 지폐를 찢어버리는 것과 같습니다. 친절하게 응답하고 도장에 나오도록 유도해야 합니다. 처음에는 공짜로 해보고, 나중에 마음에 들면 태권도를 계속하라는 식으로 얘기를 하지요. 하지만 제 경험으로 볼 때, 일단 제 도장에 나온 사람은 그냥 돌아가지 않습니다."

이것은 단적인 사례이지만 그의 경영 철학을 짐작케 한다. 그러나 이와 함께 그의 성공에 더욱 결정적인 요소로 작용했던 것은 다름 아닌 미국화된 태권도를 지향하는 이준구 사범만의 독특한 '준리시스템' 이었다.

준리시스템

"제가 태권도를 가르치면서 중시했던 것은 주먹만이 아닌 가슴과 머리를 함께 써야 한다는 점이었습니다. 승급심사에서 검은 띠를 따기 위해서는 태권도만이 아닌, 공부도 잘하고 교우관계도 좋아야 한다는 것이

저의 생각입니다. 제가 심사한 검은 띠 유단자는 싸움꾼이 아닙니다. 미
국사회에서 '준리태권도 검은 띠 유단자' 라는 말은 공부도 잘하고 성격
도 좋고 운동도 잘 한다는 보증수표와도 같습니다." [3]

준리태권도는 신체기술(몸)과 태권도 혼(정신)의 무예로서, 이준구
사범은 태권도에 대한 나름대로의 개발과 재정의를 위한 노력을 끊임
없이 기울여왔다. 그가 강조하는 태권도 무예의 진수는 7가지로 집약
할 수 있는데, '챔피언의 7가지 요소(seven qualities of a champion)'
라고도 불린다.

'챔피언의 7가지 요소'

① 빠른 두뇌 회전　　　　② 강인한 인내심과 끊임없는 노력
③ 정확한 시간 엄수　　　④ 지식과 지혜의 겸비
⑤ 균형 잡힌 지덕체(智德體)　⑥ 마음의 융통성
⑦ 양심을 지키는 삶

이러한 요소들을 갖춘 챔피언 만들기란, 사람들로 하여금 '행복
(happism)' 이라는 인생의 궁극적인 목표를 향해 나아가도록 도우며,
올바른 인격형성을 위한 7가지 지침에 따를 것을 권유하는 것이다. 또
한 '우리는 진실하기에 아름다운 인간이고, 아름다운 사람은 그래서
사랑을 받게 되고, 사랑받게 되면 행복한 것이다' 라고 가르친다. 이러
한 심신훈련이 사람을 챔피언으로 만들고, 모두가 건전하고 행복한 삶
을 영유할 수 있도록 한다는 것이 그가 말하는 태권도 철학의 근본이

다. 즉, 챔피언의 7가지 요소란 궁극적으로 훌륭한 인간 만들기를 태권도가 해낸다는 것으로서, 이는 태권도를 단순한 운동이라고만 생각하는 일반 사람들의 고정관념에서 한 차원 더 높게 접근한 것이라고 할 수 있다.

그는 이렇듯 '호신술'에서 '인간 만들기'로까지 태권도의 범위를 넓혀가며, 도시 주민들의 걱정거리인 불량배들의 생활 개선에 태권도가 앞장서겠다는 교육 프로그램을 추진하고 있다. 실제로 1991년 베넷 교육부 장관의 요청으로 만들어졌던 '규범의 기쁨'이란 프로그램은 워싱턴 시 7개 초등학교에서 채택·실시되기도 하였다. 또한 이준구 사범은 전국을 다니며 '행복할 수 있는 인생'을 위한 세미나를 실시하는 등, 사람들에게 행복한 삶을 위한 '네 가지 선서'를 외우고 실천케 하는 사회개혁운동에도 여념이 없다. 이 때문에 그를 미국의 사회개혁 운동가로 보는 시각도 있다.

이준구 사범은 행복한 삶을 위해 다음과 같은 '네 가지 선서(daily affirmations)'를 일상생활 속에서 꾸준히 준수해나갈 것을 강조하고 있다.

- 공부해서 현명해져라(smart)!
- 알면서도 실수하는 일이 없도록 완전한(perfect) 인간이 되라!
- 자기 자신을 좋아하라(like), 그러면 무엇인가 이룰 수 있다!
- 나는 행복한 삶을 추구하기 때문에 그 자체로 이미 행복하다(happy)!

미국 하원 노동보건소위원회에서 5명의 초등학교 학생들에게 도복을 입혀 태권도를 시범케 하고 그의 프로그램의 효과를 증언한 사례도 있다. 그리고 더 나아가 마약과 나태에 빠진 사람들을 구제하는 일을 태권도가 해내고 있는 것 또한 엄연한 사실이다.

한편 이준구 사범은 미국에 '스승의 날'을 만든 사람이기도 하다. 앞서 말했던 그의 행적들로 인해 그는 태권도 사범이면서도, 미국에서는 규범 전도사로 더 유명하다. 언제나 미국 내에 예의범절 및 도덕교육의 부재가 문제라고 고민했던 그는, 1986년 10월에 스승의 날 제정 법안을 제출했다. 이렇게 해서 만들어진 미국의 스승의 날은 1986년 챌린저 폭발 사고로 숨진 여교사 샤론 크리스타 매컬리프를 추모하여, 사건 다음날인 1월 28일로 제정되었다.

유명 무예인마저도 감동시킨 준리시스템

1963년, 이준구 사범과 브루스리(Bruce Lee, 이소룡)와의 만남은 태권도 무예에 커다란 변화를 가져왔는데, 특히 한국 태권도의 미국화 발전에 지대한 영향을 끼쳤다. 가령, '휠킥(wheel kick)'이라는 것은 브루스리 펀치에 이준구 사범의 발차기를 혼합하여 개발한 새로운 기술이다. 또 이들은 영화에도 함께 출연하면서 준리시스템의 새 기술을 정착시키기도 하였다.

이 외에도 이준구 사범은 세계 헤비급 권투선수권 보유자였던 무하마드 알리(Mohammad Ali)에게 '아쿠아 펀치(Accua Punch)' 기술을 가르쳐준 사람이기도 하다. '아쿠아 펀치'란 상대방을 가격하는 순간, 주먹을 옆으로 비틀어 파괴력을 높이는 새로운 권법이다. 이는 시합

때 계속 주먹에 힘을 주고 있으면 나중에 지치기 쉬우므로, 어깨에 힘을 빼고 주먹을 내밀 때만 집중적인 힘을 쓰라는 것이다. 이러한 기술은 알리가 타이틀 방어전이나 국제시합에서 보다 강한 권투를 할 수 있게 도와주었다. 이렇게 해서 맺어진 이들의 우정관계는 이준구 사범의 한국 방문시 알리가 기꺼이 동행하는 기회를 만드는 등, 이후로도 지속적인 상호협력관계로 발전하였다.

이준구 사범은 태권도에 대한 자신만의 확고한 철학을 바탕으로 미국사람들에게 태권도를 올바르고 효과적으로 소구할 수 있는 방법에 대해 늘 고민했던 사람이다. 그래서 순수 태권도를 응용한 '태권도 발레'를 만들기도 하는 등, 태권도를 미국화하여 새로운 기술과 철학, 교육 프로그램 등을 창조하고, 나아가 이를 국제화시키기 위한 새로운 시도를 끊임없이 하는 유별난 태권도인이다. 미국 내의 일반 시민들뿐만 아니라 정부의 고위관리들에게까지 널리 보급된 이준구 사범의 태권도는, 그래서 가히 한국 외교의 총아라고 부를 만하다.

기업가로서의 이준구

한국의 태권도는 이제 세계적 무예이며 스포츠이다. 2000년 시드니 올림픽의 경기종목으로 공식적 승인을 받고 명실공히 세계적 스포츠로 정착 · 발전하는 시대가 개막되었다. 이것은 종주국인 한국의 성취이며 한인 태권도 사범 기업가들과 체육인들의 공헌으로 함께 이루어낸 한국 무예 국제화의 승리이다.

시드니 올림픽, 태권도 여자 67kg급 경기에서
이선희가 되돌려차기 공격을 하고 있다

　오늘날 미국에 거주하는 교포 사범들은 수적으로 대단히 많다. 각자가 자기 도장 영역에서 훌륭하게 태권도를 가르치고, 지역사회 리더로서 존경받고, 한국을 좋아하는 '친한(親韓)' 미국인을 만들어가는 숨겨진 외교관 노릇을 톡톡히 하고 있다. 그 가운데서도 이준구 사범은 한인 이민 1세 태권도 기업가의 선두에 선 개척자이다.

태권도의 세계화를 통한 한국의 세계화

　'한국 사람들은 한국의 세계화에 공헌해야 하며, 이는 또한 태권도의 세계화로 가능하다'는 것이 이준구 사범의 신념이며 사명감이다.[4] 이러한 사명감은 그의 과거 업적에도 잘 나타나 있다. 그는 1962년 6월 미국의 수도 워싱턴 시에 준리태권도 도장을 개관한 지 33년 만인

1995년에 제3회 세계한민족학술회의에서 〈21세기 한국인의 사명〉이라는 주제로 논문을 발표하기도 했다. 여기에서 그는 '태권도의 대부'라고 불리기까지의 자신의 성취 업적과 한인 이민 1세의 이력을 소개하면서, 미국에 한국 태권도를 소개하고 기업화함으로써 미국에 공헌한 내용을 피력하였다.

40년 역사의 한국 태권도 대미 수출로 인해 태권도는 현재 미국 내 전체 무술의 60%를 차지하고 있고, 더 나아가 올림픽의 정식 경기종목으로 채택되기에 이르렀다. 이 모든 것은 한국 태권도인들의 커다란 공헌이라고 할 수 있다. 요컨대 이민 태권도 사범들에 의해 고국의 태권도가 미국으로 건너가 새로운 체육 스포츠로서 크게 신장하여 세계화의 길을 촉진시킨 것이다. 이는 마치 일본의 자동차가 미국에서 조립되고 미국시장에서 성장함으로써, 일본 자동차 산업이 세계 시장으로 뻗어나갈 수 있는 도약의 발판이 되었던 것과 비슷한 것이라고 할 수 있다.

어린 시절 미국영화 속에서 본 금발의 미인에 매혹된 소년의 꿈은 미국 유학의 집념을 현실로 바꿔냈고, 체육인 기업가로서의 꿈을 성취시킨 힘이 되어 주었다. 이준구 사범은 무예를 통한 심신 단련과 건강 유지의 노하우, 그리고 가족을 우선시하는 가치로 태권도를 미국 내에 남녀노소를 막론한 온 가족의 운동으로 정착시켰다. 뿐만 아니라 올바른 마음가짐과 긍정적인 사고를 갖게 하고, 매사에 열정적이며 성실하게 살아갈 수 있도록 사람들을 변화시켰다. 이러한 이유로 노약자나 장애자들까지도 태권도를 받아들일 수 있었던 것이다. 결과적으로 미국화된 태권도의 기술적인 측면의 교육과 함께 이준구 사범만의 정신

훈련을 병행하여 실시한 것이 준리태권도의 성공 비결이라고 할 수 있다.

한편, 이준구 사범은 천부적인 기업가 자질을 지닌 사람이었다. 그는 앞서가는 비전으로 뚜렷한 목표를 설정하고, 어떠한 어려움도 극복해내는 강인함과 모험 감수성, 그리고 혁신적인 창의성으로써 직면한 상황에서 언제나 최선의 결단력과 추진력을 발휘한 태권도 기업가였다. 그는 또한 도장 운영과 확장 등의 과정에서부터 광고에 이르기까지 적절하면서도 과감한 투자를 서슴지 않고 했으며, 태권도와 관련된 여러 가지 기구를 발명하여 판매하는 등의 비즈니스에서도 탁월한 능력을 발휘하였다.

기업가 정신은 고급 두뇌의 혁신을 요구한다. 뿐만 아니라 기업가 정신의 현대적 신개념은 훌륭한 리더십도 요구하고 있다. 이는 사회 발전에의 공헌과 인재양성 업무를 동시에 수행하는 세계 리더가 되는 것을 말한다. 태권도라는 무예를 통해 이렇듯 세계 리더라고 부를 수 있을 만한 기업가로 인정받는 사람이 바로 이준구 사범이다. 그가 40여 년간의 미국 이민 생활에서 보여온 인생은, '바로 이것' 이라며 무릎을 탁 칠 만큼 모범적인 모습이었다. 이제 그의 앞에는 미국화에 성공한 태권도 사범에서 더 나아가 세계 태권도인으로 또 한번 거듭나는 도전이 남아 있다.

아들 이름까지 '철권', '태권' ··· 클린턴도 '사부'로 모신 태권도 대부

2000년 10월 5일 타계한 이행웅 미국 태권도협회장은 하얀 피부의 미국인들에게 도복을 입히고 품새를 가르치며, '희생'과 '자기 수련'의 태권도를 뿌리내리게 하는 데 앞장섰다. 지난 30여 년간 배출한 제자만도 15만 명에 이르고, 그가 창시한 '송암(松岩)태권도'를 가르치는 미국 내 도장은 800곳이 넘는다. 고인이 미국 내 유명 인사로 떠오를 수 있었던 것은 빌 클린턴 대통령의 '태권도 사부'로 백악관을 여러 차례 방문하면서부터다. 아칸소 주지사 시절 이행웅 회장으로부터 태권도를 배운 클린턴 대통령이 그를 수시로 초청한 것이다. 고인의 빈소가 차려진 아칸소 주 리틀록에는 클린턴 대통령이 보낸 조화와 고인의 명복을 비는 메시지가 전달됐다.

젊은 시절 맨손으로 미국에 건너 온 이래, 개척자 정신 하나로 태권도의 미국화 및 세계화에 평생을 받쳐 온 이행웅 회장은 오늘날까지도 많은 사람들의 기억 속에 생생하게 살아 있다.

이행웅

미국태권도협회(ATA) / 이행웅

이 행 웅

'이행웅의 날'을 만든 세계선수권대회

매년 6월 초여름의 더위가 찾아올 때면, 미국 남부 아칸소 주의 수도 리틀록(Little Rock) 시에서는 성대한 태권도축제가 열린다. 금요일부터 일요일까지 사흘에 걸쳐 열리는 미국태권도협회(ATA ; American Taekwondo Association)의 세계태권도선수권대회는 성조기와 태극기가 나란히 나부끼는 명장면을 연출하며 명실공히 이 지방의 대축제로 자리잡았다. 머나먼 이국 땅의 주청사 건물 꼭대기에서 자랑스럽게 나부끼는 태극기는 한국인으로서의 자부심을 뭉클하게 느끼게 하기에 충분하다.

ATA 본부가 주관하는 이 대회에는 미국 전역은 물론 세계 각국에서 참가하는 5천여 명의 회원들과 감독, 사범, 그리고 동행하는 가족 친지들 2만여 명이 함께 한다. 리틀록이라는 작은 지방도시에서는 유례 없는 대규모 행사의 하나임에 틀림없다.[1] 이 대회에서 벌어들이는 관광 수입은 대회에 참가하는 태권도 선수만으로도 4백만 달러가 되고, 동행 가족 및 역원들을 합하면 5백만 달러를 쉽게 넘을 것이라고 한다. 남부지방의 비교적 외진 곳에 위치한 리틀록은, 이처럼 황금알을 낳는 행사에 대해 발벗고 나서서 지원하고 있으며, '이행웅의 날'을 만들고, 각종 세금 혜택을 주는 등 ATA의 대축제를 적극적으로 경축해 주고 있다. 이행웅 사범의 사진은 이곳 리틀록 최고급 호텔의 사교식당에 클린턴 대통령과 같은 명사들 초상화 틈에 당당히 끼여 있다. 덕분에 보잘것없던 한국인의 위상도 크게 상승되었고, 교포들의 자부심 또한 그만큼 높아졌다.

남녀노소를 불문하고 4살부터 70살에 이르는 온 가족이 태권도 장기를 자랑하며 우렁찬 함성을 내지르는 건강한 모습이야말로 ATA 세계선수권대회의 참모습이다. 여기에는 승단 시합과 승단 사범들을 탄생시키며 단순한 행사로 끝나기 마련인 여느 태권도 대회와는 다른, ATA 연차대회만의 독특한 자랑거리가 있다. 가쁜 숨을 몰아쉬면서도 유감없이 노익장을 발휘하는 노인 태권도 수련생들의 열띤 친선 경기, 이따금 울음을 터뜨리기도 하는 천진난만한 아이들의 잔치 아동부 시합, 그리고 한 번 실패하더라도 될 때까지 몇 번이고 다시 도전하는 신체장애자 선수들의 경기 등, 이채로운 풍경을 볼 수 있다는 것이 바로 그것이다. 특히 온몸의 신경이 마비되어 휠체어에 의지해 온 여성 장애인 린다 허드만이 오랜 수련 끝에 3단 승단 시험을 보면서 송판 격파를 하던 모습은 보는 이들로 하여금 가슴 뭉클한 감동을 느끼게 했다. 그녀는 태권도를 통해 잃었던 건강과 인생을 되찾았다며 보기에도 싱그러울 만큼 활짝 웃었다.

매년 넓은 경기장을 꽉 메운 이 남녀노소의 신나는 한판 '축제'는 언제나 언론에 의해 대서특필되곤 한다. 또한 이행웅 회장이 입장할 때에는 마치 대통령이라도 입장하는 듯, 선수들과 가족들 모두는 열렬한 박수로 그를 환영한다. 그렇다. 그랜드 마스터(Grand Master) 이행웅 '대사범'은 그들에게 크나큰 존경의 대상으로 마음 속 깊숙이 자리하고 있는 것이다. 왜소한 키, 깡마른 몸의 한인 이민 1세 태권도 사범이 낯선 미국 땅, 특히 인종 차별로 유명한 남부의 작은 시골에서 이렇듯 대단한 성취를 이뤄낼 수 있었던 비결은 과연 무엇일까? 아무런 준비도 없이 무작정 도미를 시도했던 맨주먹 무예가의 성공 비결은 도대체 무엇일까?

끝없는 도전과 응전

1937년 만주에서 태어난 이행웅 사범은, 제2차 세계대전 후 부모를 따라 한국으로 이주하여 어려운 피난 생활을 겪어야 했다. 태권도는 12살 때 호신술로 배우기 시작하여 16살 때부터 청도관에서 정식적인 훈련을 받기 시작했다. 그 덕분에 마포 고등학교를 졸업한 후 군에 입대해서는 백령도 육군첩보부대에서 태권도 사범으로 일할 수 있었다. 또 제대 후에는 미 공군기지에 도장을 차려 미 국군 장병의 신체훈련과 태권도 무예훈련을 담당하였는데, 훗날 그의 이민에 결정적인 계기가 되어 진실한 동업자가 된 리처드 리드를 만나는 행운도 바로 이때 찾아온 것이었다.

미국으로의 이민 시도는 그 자체로 커다란 모험이었다. 그러나 무지하면 용감하다고 했던가. 그 때만 해도 미국이 어디 붙었는지 알지도 못했던 가난하고 배운 것 없는 한 태권도 체육인의 미국에서의 태권도 왕국 만들기는 그야말로 열정 하나로 시작되었다. 미국 군인 리처드 리드(Richard Reed, 현 ATA 부총재)의 초대로 경기도 오산에 있던 '하건방' 도장을 후배에게 물려주고, 누님의 금반지를 팔아 머나먼 미국 땅으로 떠난 것이 그 모험의 시작이었다.

난생 처음 부딪치는 미 대륙에서 그가 첫발을 내디딘 곳은 미국 곡창지대의 중심지인 중부 네브라스카(Nebraska) 주의 수도 오마하(Omaha)였다. 낯선 곳에 도착하여 막연하게나마 그가 할 수 있는 일이라고 생각된 것은 태권도를 가르치는 것이었다. 그래서 자그마한 골방 같은 곳을 도장으로 꾸며 본격적인 미국생활을 시작하였지만, 단순히 도장의 문을 열었다고 해서 제자가 올 리 만무했다. 그 시절 이행웅 사범은 영어나 미국 풍속에 낯선 가난한 동양인의 어려운 삶이 얼마나 혹독한가를 맛보게 되었다고 한다. 특히, 끼니를 때우는 것조차 어려워 서민의 식사라고 하는 10센트짜리 햄버거 2개로 하루의 밥을 대신하던 때도 있었다. 그 때문에 햄버거는 지금도 꿈에 나타날 정도로 끔찍하게 싫은 음식이 되었고, 햄버거 가게는 옆에도 가기 싫다는 그의 말은 당시의 어려움을 짐작케 한다.

그러나 정작 커다란 난관과 시련은 그가 여행자 비자로 입국했기 때문에 사업을 할 수 없다는 사실을 뒤늦게 알게 되면서부터 시작되었다. 당시 변호사 비용도 없던 그는 이민국과의 시비를 견디다 못해 도장 한 번 제대로 운영해 보지도 못하고 추방 명령을 받았다. 굴욕과 실의로 인해 폐인이 되다시피 하여 귀국한 그는, 그나마 고국 친지의 따뜻한 위로와 격려를 기대했다. 그러나 거지 신세로 돌아온 그를 기다리고 있는 것은 조소와 냉대뿐이었다. 이제 한국에서도 그가 살 곳은 없어 보였다. 심지어 자신의 '하건방' 도장을 물려받았던 후배조차도 도장을 다시 내놓으라고 할까봐 전전긍긍하면서 그를 차갑게 외면했다.

이쯤 되자 차라리 그는 오기가 생겨났다. 첫 실패를 거울삼아 다시한 번 도미를 하기로 마음먹었다. 더욱 비장해진 그의 각오와 열의가하늘을 감동시켰는지, 다행히 그의 첫 번째 이민을 도와주었던 리처드리드가 또 다시 은인이 되어 그의 두 번째 이민을 도왔다. 또 미국 오마하에서 알게 된 제자의 뜻밖의 초청과 주 상원의원으로 있던 삼촌의 추천에 힘입어 마침내 주한 미 대사관의 취업 비자를 받아내기에이르렀다. 두 번째 도미에 성공한 그는, 은인이자 친구인 리처드 리드를 동업자로 하여 미국에서의 도장 경영을 다시 시작하게 되었다. 그리고 이 때부터 그의 강인함을 보여주는 이민생활이 본격적으로 시작되었다.

처음에는 자본이 너무 부족했던 탓에 많은 어려움이 따랐다. 오마하에는 아직 태권도가 알려지지 않았기 때문에 그는 우선 가라데(Karate)와 유도 도장을 열었다. 그러나 당시 오마하는 사람들의 발길이 뜸한 건 말할 것도 없고, 도장을 동양 식당으로 착각한 손님들이 찾아올 정도로 한적한 시골이었다. 하지만 이제 더 이상 물러날 곳이 없던 그는 아예 도장에서 살다시피 하면서 아침 7시부터 밤 11시까지 열심히 일했다. 매일 햄버거로 끼니를 때우며 절대 다시 실패해서는 안된다고 이를 악물면서.

그 무렵 생각지도 않은 행운이 찾아왔다. 어느 날, 키 작고 보잘 것없는 동양인이 태권도 도장을 차린 것을 못마땅하게 생각해 온 권투선수 출신의 이태리계 깡패가 시비를 걸어 왔다. 물론 이 한판 승부는 태권도가 멋지게 해치웠고, 이것이 소문이 나면서 갑자기 도장에 제자가 늘기 시작한 것이다. 이행웅 사범은 그 때부터 태권도 도장을 넓혀가며 점차 경영에 열중할 수 있게 되었다. 물론 이제는 식사도 제대로 할 수 있었다. 하지만 그는 거기서 멈추지 않았다. 이제 막 불씨가 살아나기 시작한 시점에서, 이 불씨를 활활 타오르게 하기 위해서는 뭔가 결정적인 변화가 있어야만 한다고 생각한 것이다. 그래서 그가 생각해낸 아이디어는, 첫째 여기서 안주할 게 아니라 넓디넓은 미국 땅에서 자리를 옮겨 다시금 새로 창업하는 것, 둘째 태권도 도장의 생명인 사범 훈련에 대해 한국식이 아닌 미국 풍토에 맞는 미국식 태권도를 창안하는 것이었다. 이러한 취지에서 그는 소위 '송암태권도' 라는 새로운 품새를 만들어 그것을 체계화시키게 되었다. 새로운 곳에서 새 제자를 상대로 새 태권도를 가르친다는 ATA 왕국 만들기의 두 번째 모험은 1977년, 이렇게 해서 시작되었다.

ATA의 성공 비결

결국 그가 창업한 'ATA' 는 2001년 현재 32주년을 맞이하는 우수한 중견 기업으로 성장하였다.

일찍이 1994년에 ATA는 아칸소 주로부터 우수중소기업상을 받았다. 당시 본부에서 일하는 50여 명의 관리직 임원들이, 전세계에서 활동하고 있는 12만여 명의 회원을 지원·관리하는 ATA가 앞으로도 무한한 성장 가능성을 지닌 기업이라고 인정되었던 것이다.[2]

그리고 4년 후에 또 다시 아칸소 주로부터 올해의 자랑스러운 우수

중소기업상의 영예를 받기도 하였다. 이는 매년 30%의 성장률과 매출액 신장으로 우수한 업적을 발휘한 덕분이었다. 더욱이 ATA의 자랑은 이러한 양적 성장에만 그치지 않았다. 기부금이나 다양한 봉사활동을 통한 지역 발전 공헌도에 있어서도 타 기업에 모범이 되었고, 청소년들에게 올바른 가치관을 심어주는 진심어린 교육과 가족사랑 정신 교육을 통해 마약 퇴치 등의 문제행동을 줄이는 데 이바지하기도 했다.

물론, 이는 창업 이래로 겪어야 했던 모든 시련의 과정을 건실하게 밟아온 덕분이었다. 태권도 기업을 자본도 없이 시작하여 황금알 사업으로 육성하기까지, 이행웅 사범의 자수성가 이력은 그야말로 한국인의 진수를 보여준 전형이었다. 그는 맨주먹 무예를 미국 이민의 물결에 편승하여 수출 상품화하였고, 나아가 미국에 태권도 우수기업을 심은 주인공이었다. 또한 지금은 태권도의 위상을 국제적인 스포츠이자 무예로서 격상시킨 자랑스런 이민 1세 기업가로 꼽힌다. 이 같은 모든 성공에는 창업자 이행웅 사범의 남다른 경영감각과 열정이 크게 작용했음은 두말할 나위가 없을 것이다.

이행웅 사범은 무엇보다 기업가로서 갖추어야 할 세 가지의 뛰어난 자질을 함양하고 있었다. 첫째, 그는 비전, 즉 '태권도의 세계화' 라는 커다란 꿈과 열정을 가지고 있었다. 둘째, 그는 이 비전을 성취하기 위해 필요한 불굴의 도전의식과 모험감수의 용기를 갖고 있었다. 즉, 미국이라는 태권도 블모지이자 신천지에 과감히 도전했던 것이다. 셋째, 외모에서부터 명실공히 태권도 9단의 무예가다운 기품이 느껴지듯이 그는 강직한 성격과 자수성가적 기업가의 본질적 특성을 갖고 있었다.

이행웅 사범의 태권도 왕국의 성장사와 함께 그만의 독특한 경영 노하우를 좀더 자세히 살펴보도록 하자.

타고난 직감과 열정 : 최적의 입지선정

ATA가 이렇듯 아칸소 주의 명문 기업의 일원이 되고, 대외적인 우수기업으로 공인받기까지는 시행착오를 겪어야 했던 15년이라는 긴 시간이 있었다. 이행웅 사범이 오마하 시에서의 실패를 딛고, 이어서 아칸소 주 리틀록에서의 제2의 창업을 시도한 것은 돌이켜 보면 매우 탁월한 결정이었다. 그가 이러한 결정을 내리게 된 결정적인 계기는 사실, 그 곳이 마치 한국처럼 느껴졌다는 매우 단순한 이유 때문이었다. 이행웅 사범은 당시 리틀록의 기후나 사람들, 그리고 지역 환경이 마치 고향 같았다고 회고한다.[3] 오랫동안 인종 차별이 심하기로 유명했던 미국 남부의 산골짜기는 미국 내에서도 상당히 낙후된 시골이었기에 한국의 시골 같다고 느껴질 만도 했다. 사실 남부 사람들은 보수적이면서도 남에게 친절하고 인심이 좋은데다, 그 곳은 비교적 가난한 지방이라 이행웅 사범에게 유난히 호감을 갖게 했는지도 모른다.

구체적으로 아칸소 주는 ①평균임금이 전국에서 가장 낮은 다섯 개 주의 하나이며, ②1인당 조세 부담이 전국에서 두 번째로 낮은 곳이다. 또 ③온화한 사계절을 가지고 있고, ④동양인은 물론 외국사람이 그리 많지 않으며, ⑤인구가 겨우 50만 명에 이르는 작은 주이다. 이렇게 볼 때 생활형편이나 기후조건 등 모든 면에서 당시의 한국과 비슷하다고 하지 않을 수 없다. 그래서 결과적으로 남녀노소로 하여금 한국의 전통무예인 태권도를 생활체육으로 받아들이게 하고 송암태권도를 뿌리내리기에는 이 곳만큼 더 좋은 곳이 또 있었을까 하는 생각을 해보게 된다.

이처럼 이행웅 사범이 태권도를 미국에 뿌리내리기에 가장 좋은 입지로 리틀록을 선정했던 것은 결국 그의 타고난 탁월한 직감 덕분이라고 하지 않을 수 없다. 이는 미국이란 낯선 땅에 대해 무지했고, 더구나 경영학 공부조차 해본 적이 없던 그이기에 더더욱 그렇다.

전문경영인과의 합동 경영

한편 ATA의 사례는, 이민 1세 기업가의 성공은 현지 전문경영인과의 합동경영에서 성쾌가 결정된다는 것을 가르쳐준다. 돈과 교육(태권도)과의 관계를 말하려면 왠지 부담을 느끼게 마련인 우리 풍토와는 달리, 이행웅 사범은 돈을 벌 수 있는 합리적인 도장 경영을 해야 사범이 살아남을 수 있고, 그래야만 비로소 올바른 무예를 가르칠 수 있다는 신념이 철저했다.

그는 각 도장의 사범들에게 운동 방법을 체계적으로 지도하는 것은 물론, 재정적인 지원까지 함께 하면서 종국에는 사범 개개인이 자율적 경영을 해낼 수 있도록 하는 지점망 경영기법을 연구하였다. 이를 위해 그는 동업자 형태로 전문경영인 리처드 리드를 영입, 성공적인 합동경영을 이룩해냈다. 이행웅 사범은 영어나 경영 측면에서 리드의 도움을 필요로 했고, 그때마다 리드는 그를 성실히 도와주었다. 리드는 오산 미군기지 도장의 제자이며, 이행웅 사범을 미국으로 오게 한 은인이기도 하다. 더욱이 그는 미국 중서부 가라데 연맹을 운영한 적이 있는 등, 실제로 스포츠 조직운영에도 경험이 있는 전문경영인이었으며, 또 재무관리에도 뛰어나 이행웅 사범에게는 안성맞춤의 동업자였다.

특히, 미국인 제자와 사범을 양성하는 데 필요한 제도와 교범 만들기는 이행웅 사범 혼자서 해낼 수 있는 일이 아니었다. 리처드 리드는 ATA 창업시부터 계속해서 이행웅 사범의 오른팔 역할을 하면서 산하 도장 계약제도 및 프랜차이즈 제도 설립에 두뇌 역할을 담당하였다.

또한 유능한 인재의 섭외 및, 도장 장소 선정, 세무 및 재무관리, 그리고 은행융자까지 ATA의 경영 전반에 걸쳐 많은 도움을 주었다. 사실 이런 사람을 만났다는 것은 이민 1세 기업가로서는 큰 자산이자 큰 행운이라고 하지 않을 수 없다. 하지만 이 같은 동업자를 발탁하고 협동 관계를 성공적으로 구축해간 이행웅 사범의 인덕과 리더십도 높이 평가되어야 할 것이다.

프랜차이즈 기법을 도입한 도장 운영

ATA의 '사범 훈련원' 은 송암태권도 사범을 만들어내는 학교이다. 이 곳에서는 유단자 및 도장관리자를 꾸준히 키워내면서 결국에는 자기 도장을 갖게 하는 식으로 회원을 관리하고, 전국적으로 조직을 확대시켜 나간다. 필자도 취재차 시카고 홈우드 리지로드에 있는 한 ATA 도장을 방문한 적이 있는데, 고급 카펫이 깔린 200평 남짓한 도장에 100여 명의 학생들이 열심히 태권도 품새를 익히고 있었다. 한 켠에는 사우나 시설이 갖춰져 있고 수십 종의 체력 단련 기구들과 태권도 용품을 판매하는 진열대도 보였다. 태권도 도장이 아니라 마치 고급 헬스클럽에 온 듯한 느낌이었다. 1986년 문을 연 이 패티 운더(44세) 씨 도장의 학생 수는 현재 457명, 월 평균수입이 3만 달러(약 2천6백만원)에 달한다고 한다. 하지만 운더 씨의 도장 수입은 오히려 적은 편이다. 플로리다 주 윈터파크에서 3개의 도장을 갖고 있는 세르지오 본 쉬멜링(32세) 씨는 도장마다 월 평균 3만 5천 달러씩 모두 10만 5천 달러의 어마어마한 월수입을 기록하여 젊은 나이에 태권도 갑부가 되었다. ATA 태권도 도장은 말 그대로 '황금알을 낳는 거위' 인 것이다. 도대체 그 성공 비결은 무엇일까?

맥도날드, 버거킹, 피자헛, TGI프라이데이 등은 이미 수년 전 한국에 들어와 성업중인 미국의 패스트푸드 프랜차이즈(Franchise)들이다. 해답은 바로 이 곳에 있다. 미국적 기업 운영방식인 프랜차이즈를 태권도 도장 운영에 접목시킨 것이다. ATA 사범이 개인 도장을 열기 원하면 본부에선 모든 지원을 아끼지 않는다. 그리고 장소 선정에 대한 자문에서부터 도장 시설 인테리어까지 본부에서 도맡아 처리해 준다. 심지어 자금이 부족할 경우에는 ATA의 부속 기관인 서민금고에서 저리로 대출도 해준다. 또한 도장을 열면 체계적으로 정리된 모든 교육프로그램을 지속적으로 지원받게 된다. 회원이 아닌 기존의 도장 운영자라도 가입비 1만 5천 달러만 내면 역시 똑같은 지원을 받을 수 있다.

그런데 ATA 도장 운영방식에서 주목할 만한 사실 하나는, 사범은 절대 학생들로부터 회비를 직접 받지 않는다는 것이다. 이는 사범이 돈을 탐내는 모습으로 비춰지면 제자들 앞에서 권위가 실추된다는 ATA의 철학 때문이다. 그래서 회원들은 회비를 직접 본부에 온라인으로 송금하며, 이 돈은 5% 공제 후 다시 사범의 도장에 그대로 입금된다. 따라서 모든 도장 관리를 ATA가 도맡아 처리하기 때문에, 사범은 도장 운영에 일체 신경 쓸 필요가 없다. 오로지 학생들의 지도에만 전념하여 보다 양질의 교육을 실시할 수 있는 것이다. 이는 ATA 산하의 도장이 성공할 수밖에 없는 중요한 비결 중 하나이다. 번듯한 교육프로그램 하나 갖추지 못한 채 사범이 도장 운영까지 겸하느라고 영세성을 면치 못하는 한국의 구멍가게식 태권도 도장과는 분명한 차이를 느끼게 한다.

이 같은 ATA의 도장 운영기법은 궁극적으로 '공존공영'의 경영 철학에서 그 답을 찾을 수 있다. 즉, 각 도장은 스스로 고민하는 가운데

월드마셜아트(World Martial Arts) 보급회사

태권도 훈련 및 경기에 필요한 모든 장비의 제조 · 판매를 학교와 도장에 염가로 조달하며, ATA의 상호가 부착된 기념품을 포함한 모든 장식 보급품의 판매를 관장한다.

슈퍼크레디트서비스(SCS ; Super Credit Service)

계약체결 서비스, 회비징수, 기타 재무관리지원 서비스 등을 담당한다. 'ATA 태권도 경영'[4]은 근본적으로 전문 경영인이 주관하는 맥도날드 지점운영과 비슷하다. 이러한 경영을 본부의 역할과 관련하여 좀더 구체적으로 살펴보면 다음과 같다.

- 자문 및 자본관리 : 창업지원과 경영관리 지원
  · 장소설정 / 시설장비 지원
  · 본부 신용금고에서의 자본지원
  · 창업자금신청 자문 및 지원
- 도장운영 : 훈련 및 경영관리 지원
  · 태권도 지침 및 교재 배부
  · 도복 · 장비의 중앙 조달 및 배부
  · 승단심사 평가
  · 사범훈련 및 기술연구 개발지도 · 지원
  · 경영진단 분석과 경영관리 지원
  · 세무신고대행
  · 회비수금관리 : 5% 수수료 공제 후 도장 수입으로 정리

자율적인 경영을 하는 한편, ATA 본부는 이러한 각 도장을 상대로 각종 자원을 지원하고, 교육훈련 및 중앙 차원의 행정관리를 맡는다. 그러니 ATA 도장이 기하급수적으로 많은 지부를 늘려나갈 수 있었던 것은 어쩌면 당연한 결과라고 할 수 있다. 이행웅 사범은 이 같이 과학적 관리기법을 도입한 ATA의 경영방식에 대해 대단한 자부심을 갖고 있다. 체육기업 특유의 정신훈련과 합리적이며 과학적인 경영관리가 잘 접목된 이 같은 프랜차이즈 관리는, 오늘날 최신 컴퓨터를 활용한 신속하고 정확한 정보관리와 더불어 ATA의 성공을 뒷받침하는 숨은 전략인 것이다.[5]

태권도의 이론적 · 철학적 배경 확립

과학적 프랜차이즈 경영방식이 ATA를 만들어 낸 유형적 소프트웨어라면, 1981년에 만들어 낸 ATA의《사범지침서(Instruction Manual)》는 ATA의 정신적 소프트웨어라고 할 수 있다. 해를 더하면서 수정 · 보완되어 온 이 '사범지침서'는 오늘날 송암태권도의 중심 교본이다. 기술만큼이나 이론과 철학을 중요시한 이 교본은 ATA 사범훈련의 중추적인 역할을 해왔는데, 이행웅 사범은 스스로 이 교본 연구를 위하 꾸준히 새로운 아이디어를 개발 · 제공하는 혁신자의 역할을 소홀히 하지 않았다.

ATA 본부에는 그의 집무실 바로 옆에 '연구실'이라고 불리는 독방이 하나 있다. 여기서 이행웅 사범은 명상을 하거나 운동 실기 연구를 해왔는데, 이 곳이 바로 송암태권도 무예의 끊임없는 실기와 이론 연구의 산실이라고 할 수 있다. 경영방식이 아무리 탁월하다 하더라도 이 같은 철저한 이론적 바탕이 없었다면 ATA는 얼마 못 가 좌초되었을지도 모른다. 또한 이 같은 탄탄한 철학이 있었기 때문에 이행웅 사범의 태권도가 신비를 갖춘 무도로서 미국인들에게 파고들 수 있었던 것이다.

사실 이행웅 회장은 이민 초기에 교육자료 부재로 인해 미국인 수련생들을 가르치는 데 많은 애를 먹었다고 한다. 게다가 태권도는 한국에서조차 당수, 공수, 가라데 등으로 불리다 1955년에 비로소 '태권도'라는 용어로 통용됐을 정도이니, 종주국 한국에도 이렇다 할 태권도 철학이나 교재가 있을 리 만무했다. 결국 교재도 없이 오로지 청도관 시절에 배운 태권도 기술 하나만을 주먹구구식으로 가르치다 보니, 얼마 안 가서 교육 내용이 바닥나 버리곤 했다. 제자들은 항상 새로운 것을 요구했지만 그로서는 더 이상 가르칠 것이 없었고, 배울 게 없는 제자들은 흥미를 잃은 채 수련한 지 1년도 채 안되어 하나 둘씩 발길을 돌렸다. 그러니 수련생들을 오랫동안 붙잡아두기 위해서라도 태권도를 체계적으로 정립하는 일이 반드시 필요했다.

마침내 이행웅 사범은 스스로 교재를 만들기로 결심했다. 그리하여 1981년 그의 첫 작품인 《사범지침서》를 펴내었고, 비로소 사범들은 통일된 태권도 교육을 할 수 있게 되었다. 그리고 이 책은 결국 ATA 태권도 보급의 커다란 기폭제가 되었다. 곧 이어 1983년에는 그의 태권도 이론이 체계적으로 정립되기에 이르렀다. 태권도의 철학을 한국의 충효사상과 접목한 《태권도의 철학과 정통》이라는 한 권의 이론서가 나온 것이다. 또 그동안의 지도경험을 바탕으로 아칸소 주의 명물인 소나무와 바위를 따 '송암품새'라는 두툼한 창작 품새도 새롭게 고안·보급시켰다. 송암품새는 9급부터 9단까지 모두 18단계로 이루어진 품새이다. 교재는 각각의 급·단별로 배워야 할 내용을 명시하여

ATA의 교과서로 활용되고 있으며, 일선 도장의 사범들은 이 교재로 수련생 각 개인의 운동능력과 수준에 맞는 체계적인 태권도 교육을 실시한다.

여기에 더해 '차렷, 경례!' 등 태권도 기본구령을 한국말로 하는 지침서도 나와 있다. 이 책에는 한국말 기본구령은 물론, 절을 하는 방법 등의 예의범절까지 자세히 수록되어 있다. 즉, 단순히 태권도 기술만이 아니라 머리끝부터 발끝까지 '진짜 태권도'를 배우도록 하는 것이다. 그래서 '헬로우(Hello)' 하며 손을 흔드는 것에 익숙한 그들이, 도장에 들어올 때나 사범을 대할 때 절을 하도록 가르친다.

> "송암태권도는 태권도에 대한 이론과 철학을 체계화했고, 태권도를 대중적인 스포츠 문화로서 융화시킨 독특한 형태로 주목받고 있습니다"[6]

이같은 이행웅 사범의 말처럼 송암태권도는 이제 하나의 '생활체육'으로 번성해가고 있다. 오늘날 ATA의 총회원은 16만 명을 넘어섰고, 전세계 7개국 19개 지부에 1천 개 이상의 도장을 두고, 유단자 1만 5천여 명, 사범 자격증 소지자 3백여 명을 배출해냈다. 이는 불과 11년 만에 이루어진 성취였다.[7] 가히 무(無)에서 유(有)를 창조했다고 할 만한 성과이다. ATA의 산하 조직 및 기업성장률을 짐작할 수 있는 통계들을 보면 다음과 같다.

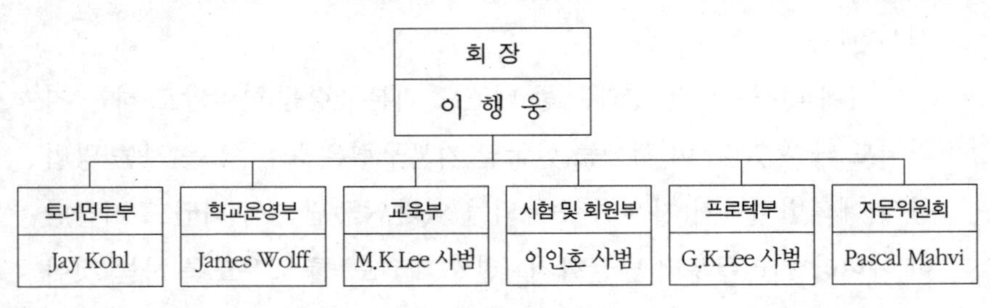

〈표 6-1〉 ATA 조직 구성표

▶ 자료 : 1998년 12월 14일 보고서

〈표 6-2〉 회원 성장률(1969~1999)

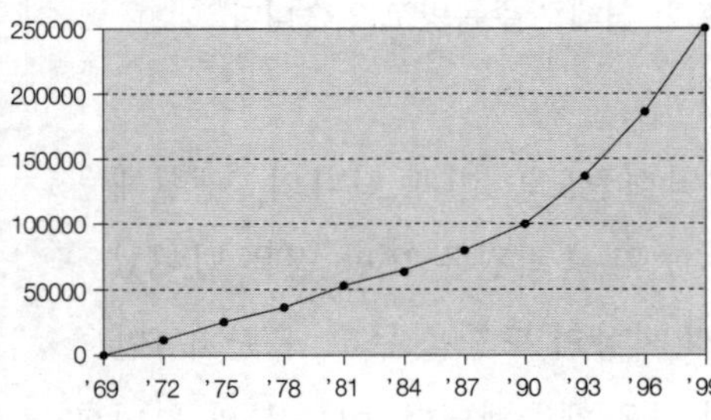

〈표 6-3〉 검은띠 유단자 증가율(1969~1999)

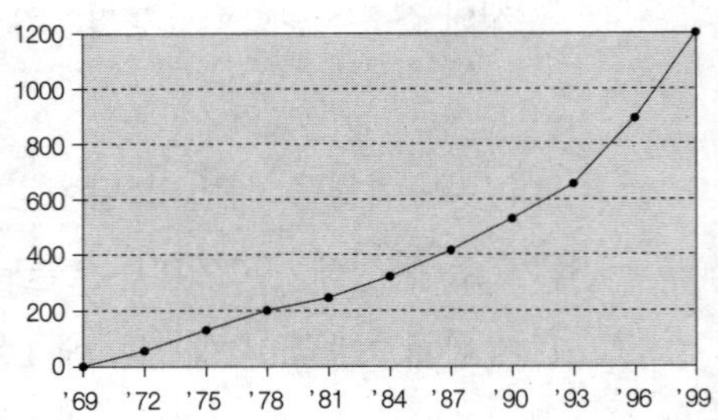

〈표 6-4〉 학교 및 클럽 성장률(1969~1999)

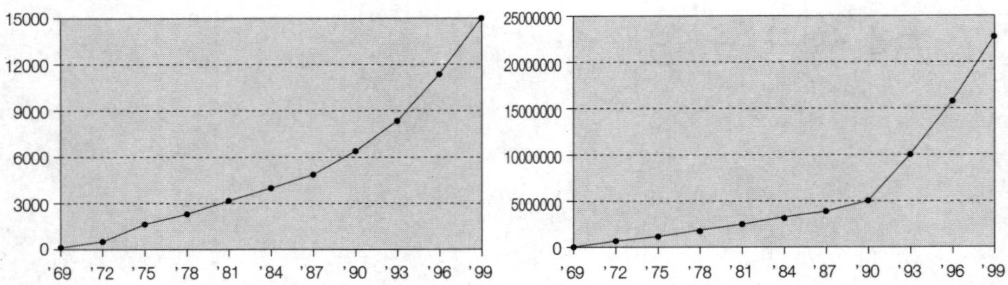

〈표 6-5 〉 자산 증가율(1969~1999)

인성교육을 겸비한 차별화된 태권도

송암태권도의 특징 가운데 하나는 인성교육에 중점을 둔다는 것이다. 특히, ATA의 '어린호랑이' 교육프로그램인 '어린이 가라데(Karate for Kid)'가 그렇다. ATA의 자랑이라고 하는 이 새로운 훈련 교육에는 3~6살의 어린이들에게 마카라테의 춤에 맞추어 태권도 기본자세를 가르치는 소위 '마카라테 태권도'라는 것도 있다. 이들 어린이 프로그램은 '세살 버릇 여든까지 간다'는 속담의 가르침에 따라 어릴 때부터 심신을 단련하는 것은 물론, 예의범절과 협동정신 함양에 특히 주안점을 두고 있다. ATA 도장의 신입회원 가입률의 70% 이상이 어린이라는 것은, 결국 이 어린이 교육 프로그램의 호응을 반증하는 결과라고 할 수 있을 것이다.

또한 ATA의 태권도를 통한 인성교육은 지역사회의 청소년들에게 올바른 가치관을 심어주는 데에도 많은 공헌을 했다. 특히 아칸소 주 리틀록은 유난히 흑인들이 많은 곳인데, 1977년 이행웅 사범이 이 곳에 자리잡기 시작하면서 흑인 청소년들 계도에 많은 기여를 했다고 한다. 이는 다음과 같은 한 도장의 풍경만 보아도 어렵지 않게 짐작할 수 있는 일이다.

리틀록의 흑인 거리에 위치한 ATA 산하의 한 도장은 흑인 사범 안더슨(6단)이 제자들을 양성하고 있는 곳이다. 눈동자와 이를 제외하고는 모두 검은색인 아이들과 청소년들이 도장에서 운동을 시작하려던 참이었다. 앤더슨 사범이 이들 앞에 섰다.

"굿 이브닝 서!"

고개 숙여 인사하지 않기로 유명한 그들이 90도로 절을 하며 인사를 했고, 앤더슨은 아이들에게 구령하듯 외쳤다.

"너희들은 나쁜 돈에 손을 대겠는가?"

"노, 서!(아닙니다, 사범님)"

"다른 사람을 속일 건가?"

"노, 서!"

"도둑질을 할 건가?"

"노, 서!"

"마약을 할 거냐?"

"노, 서!"

앤더슨 사범은 허리춤에 손을 얹고 천천히 왔다갔다 하면서 다음 문장들을 선창했다.

"나는 진지한 목표를 가진 진지한 사람이다!"

이 구령에 모두 복창한다. 앤더슨 사범의 선창과 아이들의 복창이 계속됐다.

"내 운명은 내 손에 달린 것이다!"

"긍정적으로 생각하자!"

"나는 성실한 일꾼(Worker)이다!"

"나는 몸과 마음과 품성을 깨끗이 닦는다!"

"왜냐하면 나는 진지한 사람이니까!"

이들의 함성을 듣고 있자면 '아하, 운동을 통한 인성교육이 가능한 것은 바로 이런 것이구나' 하고 감탄을 하게 된다.[8]

실생활에 바로 응용할 수 있는 '미국 태권도' 개발

이렇듯 ATA가 단순한 기술 교육만이 아닌 한국 고유의 예의를 바탕으로 한 정신 훈련까지를 겸비한 태권도를 가르친 것이 낯선 이방에서 커다란 반향을 일으켰다고 할 수 있다. 그러나 동시에 태권도를 미국에 뿌리내리기 위해서는 미국의 정서에 호응한 '미국 태권도'를 개발하는 것 또한 필연적인 것이었다.

미국인들은 태권도의 품새 교육만으로 만족하지 않고, 태권도를 실생활에 바로 응용할 수 있는 프로그램을 요구했다. 이렇게 해서 개발된 것이 '프로텍(Protech)' 이라고 불리는 유용한 호신술이었다. 태권도의 여러 가지 기술을 각종 무술에 접목시킨 프로텍은 ATA의 이정근 사범이 쿵푸, 가라데, 유도 등 미국 내에 퍼져 있는 각종 무도의 최고수들을 일일이 만나 가장 좋은 기술만을 전수받은 뒤에 완성한 또 하나의 작품이다. 이는 ATA 태권도 교육의 중요한 한 줄기를 형성하고 있다. 주로 고단자들을 대상으로 교육하는 프로텍은 칼 방어술, 급소제압술 등 여섯 종류의 프로그램으로 구성되었으며, 항상 범죄위험이 도사리고 있는 미국사회에서 여성에게 유용한 교육체계로 큰 인기를 끌고 있다.

해외 홍보용 월간지 〈코리아(Korea)〉의 1999년 4월호는 '한국 전통 스포츠 태권도의 현대화'를 표지 특집으로 다뤘다. 한국 무예의 호신술이 신체 훈련으로 지금 전세계에서 크게 각광받고 있다는 것이다. 즉, 무예의 스포츠화와 실생활에 바로 적용되는 건강관리기법의 하나로서 태권도를 높이 평가하면서, 미국에서 건강체조의 일환으로 '태권도빅'이 널리 퍼져나가고 있음을 소개했다. 미국 태권도 수련생의 특징은 25%가 여성, 40%가 성인, 35%가 어린이와 노인들로 구성되었다는 점이다. 이는 어린호랑이 태권도, 프로텍 훈련 프로그램, 프로텍 무기훈련 등의 다양한 형식으로 이뤄진 송암태권도가 남녀노소 모두 즐길 수 있는 스포츠로서 자리매김했다는 것을 입증하는 예이다. 이제 태권도는 한국인 사범들에 의해 '미국 태권도'로서 새롭게 태어났으며, 어느새 그들의 생활체육으로 뿌리내리기 시작했다. 오히려 미국화된 태권도가 종주국인 한국으로 역수출되는 시대를 맞이하고 있는 것이다.

소비자 욕구에 맞는 다양한 프로그램

1999년 8월 14일 아침, 디즈니호텔에는 태권도 도복 차림의 백인 가족 네 명이 조반 테이블에 둘러앉아 있었다. 이들은 이 곳에서 열리는 서해안지역대회(West Coast Regional Tournament) 참석 차, 라스베가스에서 온 소퍼(Sofer) 씨네 가족이었다. 해마다 한 번씩 열리는 이 대회에는 소퍼 씨네 같은 가족 단위의 태권도 수련생들이 부모형제들과 함께 대거 참석하곤 한다. 그리고 이맘때쯤이면 인근 호텔을 가득 메운 이 하얀도복의 거대한 물결이 일대 장관을 이룬다.

ATA가 주최하는 이 행사는 태권도인들에게 있어서는 이제 하나의 가족체육축제로 자리매김하고 있다. 행사에 참여하는 태권도인들만 해도 무려 1천5백 명, 그리고 그들의 가족이 6천여 명에 이른다. 그 넓은 행사장이 좁아 보일 만큼의 군중이 행사장을 가득 메우면, 분위기를 한껏 고조시키는 음악과 함께 개회식이 열리고 경기가 시작된다. 소퍼 씨네 아이들도 각각 소년·소녀반에 참석해 그들이 연마해 온 태권도 기술을 열심히 선보이고 있었다. 마치 우리 초등학교 시절의 가을운동회를 연상케 하는 모습이다. 손자의 경기를 보러 동북부 매사추세츠 주에서 캘리포니아까지 찾아온 할머니도 있다.

소퍼 가족은 모두 태권도인들로, 특히 ATA 도장에서 2년이 넘도록 교육을 받아온 ATA 문하생들이다. 이 소퍼 가족을 맡고 있는 사범은 다름아닌 33세의 리랜드 브랜든(Leland Brandon)이다. 대학 시절 축구 선수였던 그는 한국인 동창생에게 태권도를 배운 것이 계기가 되어 일찍이 ATA 도장 사범 훈련을 받은 뒤, 현재 두 개의 ATA 도장을 경영하고 있다. 곧 또 하나의 도장을 오픈할 계획을 가지고 있는 그는 이제 ATA 산하의 가장 모범적인 사례로 꼽힌다. 그의 월 총 수입은 평균 4만 달러이고, 사범 봉급 및 기타 경비를 제해도 월 1만 5천 달러의 순이익이 남는 셈이니 가히 성공적이라 할 만하다.

어린호랑이반의 수련생

　이러한 성공의 비결은 ATA의 다양한 프로그램이 문하생 모집에 큰 도움이 된다는 데 있다. 예를 들어 어린호랑이반, 블랙벨트클럽(Black Belt Club), 사범반(Master Class) 등으로 나누어 다양한 프로그램을 갖고 각각의 학생들에게 원하는 교육을 받을 수 있도록 해주는 것이다. 또한 학생들을 가족처럼 대하고, 아들을 위해 시작한 태권도가 아버지의 태권도가 되는 등, 가족 모두가 함께 즐길 수 있는 가족 단위 프로그램에 초점을 맞추고 있다는 것도 ATA 성공 비결 중 하나인 것이다.

모범적 기업가 정신의 본질, 리더십

이행웅은 많은 사람들로부터 존경받는 대사범(Grand Master)이다. 그러나 기업가 정신의 본질과 통하는 그의 진면목은 리더십에 있다. 이것은 다른 사람들로 하여금 자발적인 협동을 이끌어내는 카리스마를 말한다. 이행웅 사범의 리더십을 기업가 정신의 본질 개념과 비교하여 살펴보자.

첫째, 타고난 안목과 비전이다. 이행웅 사범이 오마하에서의 실패를 딛고 아칸소 주의 리틀록에서 제2의 창업을 시도하여 성공한 데에는 그의 타고난 직감이 긍정적으로 작용하였다. 요컨대 한국과 유사한 정서와 배경을 가진 아칸소 주를 새로운 도약의 터전으로 삼았기 때문에 한국의 전통 무예인 태권도가 낯선 이방에서도 자연스럽게 받아들여진 것이다.

둘째, 진취성과 용기이다. 1차 창업이 난관에 부딪쳤을 때, 오히려 그 실패를 거울삼아 거리낌없이 새로운 모험을 감행했던 그는 개척자적 기업가 정신이 투철한 사람이었다.

셋째, 언제나 창의적인 혁신 노력을 게을리하지 않고 기발한 아이디어를 창출해낸다. 무예인으로서의 불굴의 경쟁의식과 혁신을 일으키는 창의적 두뇌는 그의 성공 비결이 되었다. 가령, 청도관 시절에 배운 태권도가 커다란 체격의 힘이 센 미국인을 가르치기에는 역부족이라고 생각하여 새로이 송암태권도를 창출해낸 것, 또 미국인들의 다양한 연령·성별·직업에 맞춘 창의적 프로그램 고안 등을 통해 재미있는 태권도·심신 단련의 인성교육용 태권도를 꾸준히 연구개발해낸

것 등이 그 예이다. 이러한 창의성이야말로 한국 태권도의 미국화·국
제화를 가능케 한 힘이었다.

넷째, 전문경영인과의 협동으로 '윈-윈(Win-Win)'의 경영 관계를
창출해낸다. 미국이라는 곳과 영어에 낯설었던 그에게 현지 전문경영
인이던 리처드 리드와의 합동 경영은, 결과적으로 ATA의 성공에 결정
적인 도움으로 작용하였다.

다섯째, 인간 본위·인간 제일의 철학을 바탕으로 한다. '기업은 사
람에게 달려 있다.' 그는 이러한 인본주의 경영 철학으로 자신과 협동
관계를 맺고 있는 사람들과 성숙한 대인관계를 보여주었다. ATA가 오
늘날의 대규모 조직으로 성장하기까지 어려운 고비가 찾아올 때마다
이행웅 사범 스스로의 노력은 물론, 주변의 자율적인 협동관계를 이끌
어낼 수 있었던 것은 그의 리더십을 실증하는 좋은 사례이다. 이는 자
신의 내적인 성숙을 위해 꾸준히 노력하는 리더가 성공적인 대인관계
를 맺어간다는 코비의 이론[9]에도 그대로 적용되는 것이다. 또한 한국
의 도인 '삼계(三戒)'를 송암태권도의 도훈(道訓)으로 삼고 있는 것만
봐도, 이행웅 사범의 리더십은 기업이 성장하면서 범하기 쉬운 창업주
독재형 리더십과는 분명히 다르다는 것을 알 수 있을 것이다.[10] 게다가
ATA의 부총재 겸 동업경영자인 리처드 리드를 비롯하여 미국의 전문
경영인 및 관리요원들이 10년 이상의 장기 근속 이력을 갖고 있는 것
은 ATA가 인간을 소중히 하는 좋은 직장임을 증명하고 있다.

ATA는 단순히 호신술을 가르치는 곳이 아니다. 남녀노소 모든 사람
들에게 인성계발 교육을 실시함으로써, 도덕성과 강직한 인성, 리더십
등을 가르칠 것을 목표로 하고 있다. 이러한 목표 달성을 위해 철저한

훈련을 실시하고 양질의 도장 시설을 제공하여, 모든 사람들이 기술과
인성을 고루 갖춘 블랙벨트 유단자가 되도록 하는 최고의 교육을 실
시할 것을 사명으로 삼고 있다.[11] 바로 여기에 끊임없이 변화하는 새로
운 시대에도 ATA가 언제나 발전하는 기업으로 살아남을 수 있는 근
본적인 이유가 있다고 할 것이다.

기업가로서의 이행웅

　태권도 기업가 이행웅 사범은 한국방송공사(KBS) 해외동포상을 받
은 자랑스런 이민 1세 기업가이다. 미국으로 이주해 온 태권도 사범은
많이 있다. 그들은 그 나름대로 훌륭한 사범으로서의 명성을 쌓은 한
국이 자랑하는 교포 체육인들이다. 하지만 태권도 기업가로서 그 정신
을 훌륭히 발휘한 사람은 손에 꼽을 정도이다. 특히 ATA의 이행웅 사
범이야말로 그 대표격이라 할 수 있다.

　ATA의 성공은 충실한 사범들의 자발적인 협동 및 협조, 고액의 수
입을 보장해 주는 지속적인 지원, 그리고 ATA에 대한 믿음에 기인한
다. 그러나 뭐니뭐니 해도 가장 중요한 성공요인은 이행웅 대사범의
리더십과 정열적 기업가 정신, 그 중에서도 특히 실패를 딛고 다시 일
어서는 강직한 인내심과 도전정신이라고 할 수 있다. 또한 태권도를
미국화시키는 과정에서 새롭게 송암태권도 품새를 만들어 냈던 창의
성과 혁신은 그의 기업가 정신의 위대함을 잘 드러내 주는 대목이다.
이러한 노력이 있었기에 한국의 태권도가 미국 산간벽지의 남부도시
에서도 받아들여질 수 있었고, 이행웅 사범 자신을 지방의 경제계 리

더로 성장하게 만들었던 것이다.

사실, 이행웅 사범은 여기에서 그치지 않고 한국의 태권도를 우선 미국의 생활체육으로 뿌리내린 다음, 다시 세계로 도약시키겠다는 커다란 야망을 품고 있었다. 특히, 북한과의 태권도 교류, 종주국으로서 한국 태권도의 활성화, 한국 태권도 성전 조성 등은 그에게 남은 도전 과제들이었다. 그러나 유명을 달리한 고인의 이러한 소망과 더불어 미국의 ATA를 보다 건실하고 사회에서 환영받는 스포츠·생활체육 기업으로 발전시키는 것은 이제 남아 있는 후배들의 몫이 되었다. 하지만 여전히 누군가 태권도 기업가란 어떤 사람·어떤 기업가 정신인가를 묻는다면, 필자는 이행웅 사범과 그의 기업 ATA를 보라고 말할 것이다.

필자의 초점은 태권도 무예인이 미국에 도착해서 어떻게 기업가 정신을 발휘했는가에 있었다. 이 과정에서 훌륭한 체육인이 기업가의 근본정신을 바탕으로 온갖 고생을 다 이겨내며, 전국조직망을 토대로 한 거대 기업을 창업·발전시켜가는 모습은 커다란 감동을 안겨주었다. 게다가 사범들의 타고난 열정 및 무예정신은, 체육교육은 물론 인성교육까지를 겸하면서 건강한 신체에 올바른 정신을 소유한 이상적인 인간을 양성해냈다. 뿐만 아니라 개인주의적인 사고가 팽배한 미국 내에 가족제일주의 사상을 전파시켜 태권도가 남녀노소를 막론한 가족 중심의 스포츠 및 건강 운동으로 뿌리내리도록 한 것은 여간 자랑스러운 업적이 아니다.

그러나 한 가지 문제는 한국 태권도의 미국화·세계화의 꿈을 실천해가는 과정에서 사범들 개개인이 독립적으로 각자의 꿈을 염두에 두고 있다는 데 있다. 예를 들어, 한국이 태권도의 종주국이 되어야 하는 위상 정립이라든가, 올림픽의 정식 종목으로 채택된 시드니올림픽 이후의 태권도의 세계화 과업 등의 도전 앞에 선 미국 내 태권도 사범들의 단결된 모습이 다소 아쉬운 점으로 남는다. 따라서 태권도의 세계화를 위해 사범들은 이제 독자적인 행보를 떠나, 태권도가 체육인 모두의 스포츠로서 자리잡고, 모두가 혜택을 받는 체육기업으로 발전하도록 다같이 협조해야 할 것이다. 혼자보다는 여럿의 단결된 힘이 필요할 때이다.

이행웅 사범은 맨손으로 미국에 와서, 오로지 개척자 정신 하나로 오늘날의 ATA와 같은 성공한 기업을 만들어냈다. 21세기를 맞이하여 미국화에서 세계화로 승화되는 한국 태권도의 앞날은, 지금도 좀처럼 사그러들지 않는 뜨거운 정열과 앞을 내다보는 비전을 가지고, 창의성과 모험심을 발휘하는 체육인 기업가들이 있기에 매우 밝다. 이행웅 사범의 뒤를 이어 세계적 태권도인으로 거듭날 많은 후배들의 선전을 기대해 본다.

글로벌 비즈니스 우먼

미국의 첨단기술 산업에서 분투하고 있는 한인 이민 여성기업가, 김기자 사장은 HDM 사 창업 5년 만에 〈인크(Inc)〉 지에서 '올해의 기업가' 최종 후보로 선정되었고, 다음해는 뉴잉글랜드의 여성기업가 리더십상을 받았다. 이 외에도 여러 단체로부터 수상한 갖가지 상들이 그녀의 성공을 말해 주고 있다. 뿐만 아니라 주정부의 여러 고문직과 의원직을 역임한 이력은 그녀의 활발한 정치 · 사회 활동을 실증하고 있다.

김기자 사장은 우수한 두뇌와 끊임없이 학습하는 학구열, 명확한 비전, 혁신 및 모험 감수성에서 뛰어났을 뿐만 아니라, 여성 특유의 섬세함과 열린 마음으로 HDM 사를 성공으로 이끈 자랑스러운 한국인 여성기업가이다.

하버드디자인앤드매핑(HDM) 사 / 김기자

김기자

뉴프론티어 여성기업가들의 등장

미국의 신경제는 거대 기업보다는 중소기업들에 의해서 새로운 활기를 찾고, 유례 없는 대호황을 맞고 있다. 여기에 여성기업가들의 공헌도 단단히 한몫을 하고 있는 것이 사실이다. 즉, 오늘날 미국 재계의 두드러진 특징은 남성들의 영역이라고 여겨졌던 기업가 세계에 지난 10년 동안 여성들의 진출이 눈부신 속도로 진행되었다는 점이다.

흑인 여성으로서 단돈 4천 달러를 밑천 삼아 빌딩 청소업에 뛰어든 뒤 지금은 센테니얼원 사(Centennial One, Inc.)를 미국 전역에 걸친 대기업으로 성장시킨 릴리언 링컨(Lillian Lincoln)이나, 자신의 회사를 미국 내 10위권에 드는 명문 여행사로 발전시킨 글로리아 보핸(Gloria Bohan)의 오메가 월드 트래블(Omega World Travel) 사와 같이, 여성 기업인이 이끄는 기업들이 속속 등장하여 성공하고 있다. 이제 미국에서 창업은 남성들의 전유물이 아니며, 오히려 여성들에 의해 새로운 국면을 맞이하고 있는 것이다.

　지금까지 여성기업가에 의한 창업은 대부분 중소기업에 집중되어 왔지만, 그 수는 결코 무시할 수 없을 만큼 증가하고 있다. 이들에 의한 고용자수는 미국 주요 500대 기업의 고용자수를 능가하는 1,550만 명에 달할 만큼 여성기업가들의 역할이 중요하게 되었다. 사업 진출 분야에 있어서도 기존에 여성 친화적인 분야이던 서비스업에 국한하지 않고, 건설업·내구재 제조업·교통 및 통신산업 등 전 분야로 빠르게 침투하고 있다. 이는 여성기업가가 활동할 수 있는 분야는 따로 있다는 편견에서 벗어나, 이제 여성기업가들도 어느 사업이든 그 분야를 개척함으로써 새로운 기업환경을 조성해나갈 수 있음을 보여주는 것이다. 따라서 오늘날 여성기업가들이 잇따라 보이고 있는 성공은, 여성이 이끄는 기업은 위험하다는 고정관념을 불식시키기에 충분하며, 여성도 남성 못지 않게 기업가로서의 탁월한 능력이 있음을 증명하고 있다.

　이처럼 최근 미국에서 여성기업가들의 성공이 두드러지게 나타나고 있는 원인은 무엇일까. 이는 실리콘밸리를 비롯하여 미국의 첨단산업을 주도하는 성공한 기업가들에게 요구되는 속성이 크게 변화하고 있는 것과 큰 관계가 있다. 미국 실리콘밸리를 주도하는 전자정보, 컴퓨터, 인터넷 사업, 또는 이들을 활용한 다양한 첨단산업들은 그 성공의 우선순위로 기술제일주의, 창의성 및 지식공유를 통한 새로운 아이디어 개발을 요구하고 있다. 다시 말해서 이들 산업에서의 성패는 힘이 아닌 전문성에 근거하고 있으며, 여성 특유의 섬세함과 합리성이 이들 기업을 운영하기 위한 중요한 조건이 되고 있는 것이다.

　미국이 첨단기술 관련 산업 분야에서 그동안 소외되어 왔던 흑인기업가를 비롯하여 소수민족 기업가와 여성기업가, 그리고 개발도상국의 기업가들에게도 평등한 사업기회를 제공하고 있다는 점 또한 여성기업가들의 진출을 크게 뒷받침하고 있는 요소이다. 1997년에 보고된 소수민족계 여성사업체는 약 1백만 개로 전체 여성사업체 7백만 개중 7분의 1을 차지하고 있었다. 하지만 만약 이들 소수민족계 여성기업가들이 자신들의 본국에 있었다면 창업의 기회를 거의 제공받지 못했을지도 모른다. 이들이 자신의 능력을 십분 발휘하며 성공할 수 있었던 것은, 미국이 창업에 있어서 남녀차별이 없으며 오히려 여성 창업에 친화적인 정책을 갖고 있었기 때문이다.

여기에서 실리콘밸리의 신 현대적 기업가 정신 가운데 여성기업가 정신의 본질적 개념과 관련 있는 '탈 성차별적이고 탈 인종차별적인 정신' 에 대해서 좀 더 알아보기로 하자.

탈 성차별적 · 인종차별적인 여성기업가 정신

첫째, 인종별 기업가 정신을 분석한 결과에서, 인종에 관계없이 공통적으로 제시하고 있는 여성기업가의 창업 동기는,[1] ①자신과 가족, ②고용주보다는 자기 자신, ③장기적인 목표를 달성하기 위한 것 등으로 나타났다.

둘째, 여성기업가가 성공할 수 있는 비결로는,[2] ①결근 문제를 한층 너그럽게 여기는 근무 시간의 융통성, ②직원들을 사심 없이 공평하게 대우하고, ③직원들의 이야기를 경청하며, 그들의 의견을 존중하여 회사에 대한 건설적인 건의를 장려하는 것, 또 ④직원들의 소중함을 인정하며, 그들이 갖고 있는 가치를 존중하고, ⑤직원들의 욕구를 잘 헤아려 가족의 일원으로 대우하며, ⑥직원들의 자율성과 자유를 허용하는 것 등이 있다. 결국 여성기업가는 융통성(flexibility)과 존중(respect), 공평성(fairness), 그리고 열린 마음(openness)을 가짐으로써 경영의 핵심 요소라고 할 수 있는 '사람을 중요시하는 경영', 즉 참된 인본주의 경영을 가능케 한 것이다.

셋째, 이러한 성공 비결을 실리콘밸리의 독특한 문화 특성 측면에서 살펴보자. ①직원들의 자유를 존중하고, 미래의 비전을 소중히 여기며, 틀에 박힌 조직 생활을 강요하지 않는다. ②우수한 두뇌를 활용하여 끊임없이 혁신하는 창의성을 개발할 수 있도록 도와준다. ③인간 관계에 있어서 협동과 상부상조를 소중히 여기는 히피(Hippies) 문화와 기업 문화를 동일시한다. ④'신나는 일터'의 분위기를 조성한다. ⑤기후의 온화함에서 오는 환경의 혜택인 온화한 성품으로 적대적인 경쟁심을 지양한다. ⑥인근의 명문 대학 스탠포드와 버클리의 연구 실험실을 쉽게 이용할 수 있는 여건을 최대한 활용한다.

이처럼 '여성기업가'라는 집단에 관한 연구가 따로 이루어질 정도로, 오늘날 그들의 역할은 점점 중요시되고 있다. 여기서는 우리나라 여성으로서 매핑(mapping) 디자인이라는 최첨단 과학기술 분야에서 그 기술력과 사업수완으로, 성공한 기업가 대열에 당당히 합류한 신예 김기자 사장을 소개한다.

여성기업가로서의 특별한 변신

미국의 보스턴 지역은 미국 명문 대학인 하버드 대학과 매사추세츠 공과대학(MIT)을 의시하여 '아이비리그 대학' 이라고 불리는 예일, 다트마우스, 브라운, 코넬 등이 모여 있는 명문 대학촌으로서, 고급 두뇌의 산지이자 그들의 주요 활동 무대로 잘 알려진 곳이다. 오늘날 벤처 산업의 새로운 발상지로 떠오르고 있는 이 곳은 1970년대 미국의 하이테크 발상지로서, 서부의 실리콘밸리와 쌍벽을 이루는 고급 두뇌가 모여 창업한 곳이라 하여 흔히 '실리콘앨리(Silicon Alley)' 라고 일컬어지고 있다.[3]

이 곳에서 단 두 사람의 힘으로 창업한 하버드디자인앤드매핑(HDM ; Harvard Design & Mapping) 사는, 창업 이후 첫 4년 만에 연 2백만 달러의 매출 실적을 낸 첨단기술 회사이다. 정보통신 분야에서 지질 전문가로서의 여성의 활약은 평범하지 않은 것이기에, 여성기업가 김기자 사장의 창업 및 기업가 정신은 사람들의 관심을 끌기에 충분했다.

그녀는 서울대학고 지질학과를 수석으로 졸업한 뒤 미국으로의 유학을 선택했다. 1966년 클라크 대학(Clark University)에 입학하여 바로 이듬해인 1967년에는 대학원에서 석사학위를 받으며 학문에 대한 대단한 열의를 보였다. 그리고 나서 자신의 전문 지식을 활용하여 5년 동안 독자적 자문역(Independent Consultant)으로 활동하다가, 매사추세츠 주에 있는 찰스퍼킨스 사에서 첫 직장생활을 하게 되었다. 이후로도 그녀는 몇 군데의 직장을 옮기며 책임자의 위치에서 컴퓨터 지도 제작과 관련된 실무를 익혀나갈 수 있었다. 그러던 중 이 분야에

서 자신만의 회사를 갖고 싶다는 생각으로 지금의 HDM 사를 창업한
것이 1988년이었다.

지리정보시스템을 서비스하는 첨단 회사

HDM 사는 지리정보시스템(GIS ; Geographic Information Systems)
서비스를 전문으로 하는 회사로서, 지리학적인 지도 제작은 물론, 고
객이 원하는 특정한 정보를 담은 특수 지도를 제작하여 많은 사람들
에게 다양한 정보를 제공하는 소프트웨어를 만들고 있다. 뿐만 아니라
자료(data) 운영 관리를 위한 기술적 해결 방안과 그 운용 방법을 자문
해 주며, 고객과의 동업자형 지원을 통하여 시스템의 성공적인 사용을
위한 연속적이고 장기적인 도움을 제공한다. 즉, 고객의 특수 사정에
맞춘 소프트웨어를 개발하고 성공적인 사용에 이르기까지 지속적으
로 전문적 기술을 자문하는 고객별 차별 운영이야말로 HDM 사의 장
점이라고 할 수 있다.

HDM 사의 고객은 환경연구전문가, 전기 · 수도회사, 교통 · 운송회
사 등과 연방정부비상관리청(FEMA), 연방정부환경보호청(EPA), 농림
성, 미 육군공병단, 교통부, 무역개발청(TDA) 등의 주요 정부 지원 기
관들이며, 수입의 60% 가량은 주 정부와의 계약을 통한 관청 일에서
얻는다. HDM 사에서 이들을 상대로 하는 일은 다음과 같다.
예를 들어, HDM 사의 주요 고객인 보스턴에디슨 사에서 요청한 일
은 보스턴 지역의 40개 커뮤니티에 설치된 배선, 전주 작업 구멍 및 기

타 장비 정보를 지도에 수록한 데이터베이스를 만드는 일이었다. 컴퓨터에 수록된 각종 정보는 그들이 만든 지도 안에 자세히 그려져 있어, 영상으로도 쉽게 볼 수 있고 인쇄 형태의 지도로 제작하여 볼 수도 있도록 되어 있다. 이렇게 각종 정보가 수록된 전산화된 지도는 고객이 추가로 원하는 정보가 있을 때마다 수시로 보완하여 제작된다.

또 다른 일로는 연방정부비상관리청의 주문에 의해 어떤 주의 홍수 지역을 씨디롬(CD-ROM)으로 제작하는 것도 있다. 이것은 주소만 입력하면 그 주소 소재의 가옥에 대한 보험료를 정확히 계산해낼 수 있도록 하여, 고객이 필요로 하는 정보를 언제든지 얻을 수 있도록 하는 것이었다.

이상에서 살펴본 바를 토대로 하여 HDM 사의 대표적인 업무를 정리하면 다음과 같다.

첫째, 정부 용역이다. 지리정보시스템/정보기술(GIS/IT) 계획 기능을 돕는 일에서부터 시스템작동 통합시스템의 신속한 설치에 이르는 모든 작업이 가능하도록 도움을 제공한다.

둘째, 사업 정보의 가시화(visual business intelligence)이다. 고객이 필요로 하는 각종 사업 정보를 한눈에 볼 수 있는 지도나 그림을 제작한다.

셋째, 위험 관리(risk management)이다. 지각 변동, 대홍수 등의 위험한 재난을 이해할 수 있는 각종 정보를 지도에 표시하고, 재난과 관련된 은행 업무나 보험 사업, 의료 사업 등의 자료를 정부와 협조하여 지도에 표기하는 특별 전문인용 지도를 제작한다.

넷째, 국내외의 전화선·전기·수도·배수관에 관련된 일이다. 이것들의 지리정보시스템 업무나 소프트웨어 개발 및 자료 관리의 품질 향상에 이르기까지 운영 관리의 능률화를 돕는다.

　HDM 사는 이 분야에서 이미 수많은 업적을 쌓아올린 우수한 지질 시스템 제작 회사이다. 1988년, 친척에게 빌린 돈 1천5백만 달러로 단 두 사람이 함께 시작한 소기업이,[4] 지금은 연간 2백만 달러의 이익을 창출하는 건실한 기업으로 성장했다. 김기자 사장은 전세계를 대상으로 한 지리정보시스템 시장이 약 23억 달러의 가치를 갖고 있다고 말하면서, HDM 사의 장래에 대해 굳은 확신을 표현하였다. 그래서 장차 한국, 일본 등의 동양 시장을 적극 개척해나갈 계획을 갖고 있으며, 지금은 미국 내의 수요를 끌어 모으는 데 목표의 우선순위를 두고 있다.

준비된 기업가의 든든한 미래

창업 준비 교육과정을 수료한 열정

　김기자 사장은 명문 교육대학에서 벤처기업가 정신에 대한 교육을 받은 정보통신 분야의 유일한 여성 창업가이다. 그녀는 창업과 경영의 실무에 관한 더욱 깊이 있는 공부를 위해 이 분야에서 정평이 난 밥슨(Babson) 대학에서 창업경영자 프로그램을 교육받았다. 이 대학은 밥슨 재단의 후원하에 이 분야의 권위자들이 석좌 교수로 있는 전통 있는 학교이다. 바스퍼(Karl Vasper) 박사를 비롯하여, 레이놀즈(Paul D. Reynolds) 박사, 처칠(Neil C. Churchil) 박사 등이 이 대학을 빛낸 대표적인 석학들이다. 이 학교에서는 기업가 정신 교육을 하나의 교양 과목으로 편성하고, 벤처재무관리 · 벤처시장이론 · 벤처인사관리 등을 가르치고 있다. 이 곳의 특징은 벤처창업가가 꾸준한 이노베이션을 시도하고 급속 성장을 달성할 수 있는 경영 방법과 기업가의 리더십에 대한 전문화된 교육 과정을 갖추고 있다는 것이다.

그녀는 여기서 만족하지 않고, 2년 후에는 다트마우스(Dartmouth) 대학 아모스틱 경영대학원의 소수민족 관리자 프로그램(Minority Business Executive Program)을 교육받았다. 그리고 이 곳에서 다시 고급 과정 프로그램까지 수료함으로써 기업가로서의 진정한 학구열을 보여주었다.

김기자 사장은 이러한 교육과정을 통해서 자신의 벤처기업을 성공으로 이끄는 데 많은 도움을 받았기에, 다른 사람들에게도 이러한 과정을 적극 추천하고 있다.

위기에 좌절하지 않는 기업가 정신

창업에서 오늘날의 성공에 이르기까지 늘 새로운 아이디어와 모험적 강인성을 보여준 김기자 사장은, 이제 자신의 사업이 성공의 궤도에 올랐다는 것에 커다란 자부심을 갖고 있다. 물론 힘든 고비도 많이 있었다. 가장 어려웠던 점은 역시 고객을 개척해나가는 일이었고, 낯선 이방에서 더구나 동양계 한국인으로서 미국의 주류에 합류하는 것은 여간 어려운 일이 아니었다. 주변에는 아는 사람도 거의 없었기 때문에 우수한 상품을 개발해 놓고도 마땅한 고객을 만나지 못해 난처했던 적도 많았다.

이 중에서도 경영 관리상에 있어서 유능한 컴퓨터 기술자의 채용과 대우에 관한 문제는 심각했다. HDM 사는 컴퓨터 과학에서부터 데이터 및 공간 재료 관리 운영, 지도제작, 지질학, 수문학, 지리학, 공학, 공공 행정, 교통 및 계획 기능에 이르기까지 전문적 지식을 갖춘 우수한 인재들로 구성되어 있다. 그러나 이러한 전문인력을 영입하기 위해서는 그 대가로 고액의 연봉을 지불해야 했기에 회사의 초기 단계에서는 부담이 되지 않을 수 없었다. 설사 그러한 대가를 치르고 이들을 고용·훈련시키더라도 제대로 활용할 때가 오면 다른 회사로 옮겨가는 문제가 발생하는 등 유능한 인력의 확보는 매우 힘겨웠다. 그래서 HDM 사는 이직률을 감소시키기 위해 직원들의 봉급을 올려주기도 하고, 직원채용 전문가를 두어 유능한 인재를 언제라도 구할 수 있도록 하는 제도를 마련하기도 했다. 직원채용을 둘러싼 이러한 문제는 비단 HDM 사뿐만 아니라 미국 전역에서 일어나고 있는 노동력 부족 현상이었기에, 미국 정부는 이민 취업 비자를 늘림으로써 외국인 인력을 끌어오는 정책을 도입하기도 하였다.[5]

회사에 어려운 고비가 있을 때마다, 김기자 사장은 특유의 정렬과 패기, 그리고 지성으로 해결책을 찾아냈다. 위기를 극복할 수 있는 새로운 방법을 시도해 보지도 않고 포기하는 것은 그녀에게는 있을 수 없는 일이었다. 이러한 김기자 사장과 그녀의 HDM 사가 오늘날까지 보여준 성장 과정은, 장차 이 기업의 미래에 대해서도 든든한 신뢰감을 심어주기에 충분하다.

기업가로서의 김기자

김기자 사장은 첨단기술 분야의 개척적인 여성기업가라는 점에서 특별하다. 학창시절 내내 우등생이던 그녀는 대학 졸업 후, 미국으로 유학을 가서 자신의 전공을 그대로 살린 회사를 창업했다. 그리고 이후에 일을 하면서도 자신의 회사를 보다 전략적으로 경영하기 위한 공부를 시작하여, 대학에서 전문화된 경영학 교육 과정을 수료하는 열정적인 학구열을 보여주었다. 그녀가 고급 두뇌들의 경쟁이 그 어떤 분야에서보다도 더욱 요구되는 정보통신 업계에서 창의적인 혁신으로 승부를 다툴 수 있었던 데에는 이러한 전문교육 과정과 그녀의 열정 및 우수한 두뇌가 많은 기여를 했을 것이다. 여기에 더해 매일 아침을 탁구 경기로 시작한다는 그녀의 생활 습관은 자기 관리가 얼마나 철저한지를 짐작할 수 있게 한다.

이렇듯 꾸준한 심신단련을 통하여 몸과 마음을 다스리고 일에 전력을 쏟는 그녀는, 나이 40이면 이미 은퇴 나이라고 하는 정보통신 업계의 불문율을 무시하고 50대 초반의 나이에도 여전히 그칠 줄 모르는 정열을 불태우면서 언제나 서로운 승부를 시도하고 있다. 그래서인지 그녀의 주변에는 그녀를 돕는 유능한 기술 인력이 공존공영의 자발적 협동을 하고 있는 것을 볼 수 있다.

21세기는 여성이라는 변수를 빼놓고는 경제를 논하기 어렵다고 경제 전문가들은 말한다. 그동안의 산업구조는 노동과 자본집약적 요소가 그 중심을 차지했던 반면, 앞으로는 지식과 감성이 지배하는 구조로 전환되면서 여성이 경제 패러다임의 큰 축을 형성할 것이기 때문이다. 사실 디지털 경제시대가 도래하면서부터 이미 이러한 징후는 강하게 나타나고 있다. 정보통신과 엔터테인먼트, 애니메이션, 디자인 등의 미래형 벤처 업종에서는 벌써부터 여성기업가들의 행보가 두드러지고 있다. 이러한 가운데 한국 여성들의 기업 활동 역시도 급진적으로 가열되어 가고 있다.

　이제 지식의 세계를 주도할 여성 지도자들이 급증하는 오늘날의 현실을 직시해야만 한다. 그래야만 적절한 인재 활용을 통해 한국의 국제 경쟁력도 키워나갈 수 있을 것이다. 앞으로는 여성기업가의 벤처 창업은 물론, 여성 친화적 사회 정책 및 기업 문화 육성이 뒤따라야만 21세기의 강자로 살아남을 수 있는 기업이 된다는 사실을 잊지 말아야 할 것이다.

미래의 비전이 성공 신화를 창조한다

"나는 어른이 되면 내 회사를 만들어 부자가 될꺼야! 형이 우리 회사 오면 월급 많이 줄께!"

어린 송영욱에겐 기업가의 꿈이 있었고, 미국은 그의 꿈을 이루게 해주었다. 미국 서북부의 시애틀에 있는 애리스(Aris) 사는 27세의 한 젊은이가 커다란 모험으로 시작한 정보시스템 컨설팅 전문회사이다. 그 주인공은 바로 컴퓨터 서비스 회사를 갖는 것이 꿈이라 하던 송영욱(미국명 폴 송, Paul Song) 사장이다. 그는 기회의 나라 미국에서 어린시절의 꿈을 그대로 실현시키며, 정보통신 분야에서 널리 주목받는 인재로 등장하였다.

송영욱

애리스(Aris) 사 / 송영욱

애리스(Aris) 사 　송 영 욱

젊은 모험가의 다부진 꿈

1998년 미국의 〈비즈니스위크〉 지는 애리스 사를 초고속 성장 기업 순위 41위로 선정하며 두 페이지에 걸쳐 특별 사례로 소개하였다.[1)]

이 잡지는 애리스 사에 대해, 미국의 거대 자문회사인 앤더슨 사 (Anderson Consulting Company)와 경합하면서 과거 3년간 96.8%의 성장률과 6,550만 달러의 매출고를 기록했고, 수익증가율 역시 연간 75.1%인 530만 달러를 기록(1997)한 놀라운 회사라고 평가했다. 또한 애리스 사는 회사들의 자동화·전산화를 자문하여 그 회사가 필요로 하는 소프트웨어를 만들어주고, 이를 사용할 수 있도록 기술 훈련까지 맡아서 해주는 업체로서, 회사들이 자체 컴퓨터조직망을 설계·장치 하는 데 도움을 주고 있으며, 기존의 유명 회사들을 제치고 놀라운 성 장률을 기록한 유망기업이라고 격찬했다.

자기 회사를 창업하는 꿈을 가지고, 모험을 즐기며, 용기와 추진력으로써 그 꿈을 성취해가는 것을 실리콘밸리의 새 기업가 정신이라고 한다면, 송영욱 사장이야말로 그 전형이라고 할 수 있다. 어린 시절부터 컴퓨터를 장난감으로 여겼던 송영욱은 매사추세츠 공과대학교(MIT)에서 컴퓨터 공학 석사학위를 받은 인재였다. 하지만 그는 박사과정으로의 진학보다는 새로운 것을 발명하거나 자신의 이름을 건 사업을 개척하는 도전적인 일에 더욱 매력을 느끼고 있었다. 그래서 그가 정한 인생의 확고한 목표는 컴퓨터 부품을 발명하거나 특수 소프트웨어를 만들어내는 회사를 창업하겠다는 것이었다.[2]

그리고 이러한 목표를 향해 무섭게 매진한 결과, 마침내 그는 첨단 정보통신 분야에서 '황색 빌게이츠'라고 불리며 21세기형 기업가로 우뚝 서게 되었다.

정보혁명 시대의 선봉에 서서

1998년, 송영욱 사장은 일찍이 자신의 비전에 대해 이렇게 말했다.

"지금 우리는 정보혁명기에 접어들었습니다. 마치 증기기관이 동력혁명을 일으켰고, 전기가 산업혁명을 일으켰으며, 헨리포드가 공장설비와 조립공정에 혁명을 일으켰듯이, 오늘날 컴퓨터는 인류의 의사소통 방식에 혁명을 일으키고 있습니다. 지금까지 전화나 텔레비전이 인류의 의사소통에 영향을 미쳐온 것 이상으로 앞으로 컴퓨터 사용은 생활화될 것입니다. 그렇게 되면 생산품의 판매도 컴퓨터를 통해 직접 소비자에게 이루어질 수 있습니다. 이것은 대학생이던 마이클 델이 시작한 델컴퓨터 사가 컴퓨터를 통한 우편주문판매로 판매방식에 일대 혁명을 일으킨 것만 보아도 알 수 있습니다. 그로 인해 델컴퓨터 사는 단기간에 세계 최대의 컴퓨터 업체 중 하나로 성장할 수 있었습니다.

컴퓨터를 통한 의사소통 방식을 이용하면, 소비자는 중간상인과 소매 상점을 거치면서 부가되는 비용 없이 최소의 비용으로 생산자로부터 직접 물건을 구입할 수 있게 됩니다. 애리스 사가 추구하는 비전은 새로운 기술을 사용함으로써 이러한 컴퓨터시스템을 인터넷상에 구축하는 것입니다.

우리의 존재 목적은 기업체를 첨단 정보화 시대에 걸맞게 혁신시키는 것입니다. 그 혁신이란 체계와 공정을 자동화하며, 새로운 사업방식을 발견하는 것입니다. 이것이 우리의 업무이자, 우리 회사가 지향하는 비전입니다. 애리스 사의 궁극적인 목표는 두 가지 영역으로 나눌 수 있습니다. 그 한 가지는 첨단기술을 사용하여 우리의 고객들이 경쟁력을 갖고, 자신들의 업무를 보다 더 잘할 수 있도록 도와주는 것입니다. 또 하나는 첨단기술을 사용하여 사업 경영자들을 돕되, 장기적으로 지속될 수 있는 도움을 제공하는 것입니다. 즉, 폴 송 이후의 세대에도 저의 경영 신조가 그대로 지속되는 세계 최대의 기업 가운데 하나가 되기를 바라는 것입니다."

미국 경제지 〈포브스(Fobes)〉 지는 1998년, '올해의 200대 중소기업'에 애리스 사를 53위로 선정했다.[3] 이 잡지는 1979년 이후 매년 미국 내 우량 중소기업 200사를 선정하고 있는데, 선발 기준은 연간 매출액 성장률, 주식 수익 배당금, 근로 조건 등이었다. 애리스 사는 지난 5년간 연평균 101%의 매출액 성장률을 기록한 업체로서, 이것만 놓고 본다면 〈포브스〉 지가 선정한 200대 중소기업 가운데 4위를 기록했

을 만큼 고성장 업체로 주목받았던 것이다.[4] 애리스 사는 이렇듯 미국
의 신경제를 만들어내는 중소기업으로서 크게 각광받는, 소위 미국 개
미군단의 선두주자라고 할 수 있다.

그러나 이러한 애리스 사에도 회사의 흥망을 좌우하는 중대 사건을
겪는 위기가 있었다. 창업 초기 애리스 사의 유일한 수입원이던 웨이
어하우저 사로부터 진행중인 프로젝트의 전면 취소 통보를 받은 것이
었다. 프로젝트 완료까지 불과 6주를 남긴 상황에서 이는 너무나 커다
란 충격이었다. 송영욱 사장은 밤잠을 이루지 못한 채 고민에 빠졌다.
자신의 힘으로는 어찌할 수 없는 일만 같았던 것이다. 하지만 천만 다
행히도 마지막 순간에 애리스 사 프로젝트만을 살리고 나머지는 모두
취소되는 기적 같은 일이 벌어졌다. 이를 두고 독실한 기독교 신자인
송영욱 사장은 중소기업이 겪는 창업 중의 위기를 행운, 즉 '하나님의
은총' 으로 살아 남았다고 회고한다.[5]

애리스 사는 현재 900여 명의 직원을 거느린 어엿한 우수 중소기업
이다. 이를 입증하듯 1996년에는 미연방중소기업청이 수여한 소수계
비즈니스사업가상을 수상하고, 1998년에는 〈비즈니스위크〉 지의 초
고속 성장 100대 기업 가운데 41위로 선정되었으며, 1999년에는 〈워
싱턴 CEO〉 지에 마이크로소프트 사를 비롯한 모든 하이테크 기업 가
운데 8위로 선정기도 했다. 어려서부터 자기 회사 가지기를 소망했던
송영욱 사장의 꿈은 이제 현실로 드러났고, 그것도 억만장자가 되는
커다란 성공의 결실로 맺어진 것이다.

애리스 사가 이처럼 급성장할 수 있었던 이유로는 크게 세 가지 요
소를 꼽을 수 있다.[6]

첫째, 송영욱 사장은 사업에 대한 고도의 전문지식을 갖고 있었고,

둘째, 집중적 전략을 효율적으로 구사하였으며, 셋째, 여기에 행운까지 곁들여졌던 것이다. 그러나 사실 무엇보다도 중요한 것은, 그가 회사의 책임 경영자로 승진하는 길을 과감히 버리고 적당한 때를 보아 정보통신 분야에서 홀로 창업의 길을 택한 용기였다. 이러한 선택의 바탕에는 실리콘밸리 벤처 기업가 정신의 근간을 이루는 창업가의 비전과 모험심이 있었다.

학창 시절에 산학협동의 현실을 체험

송천호 목사와 이경호 여사 사이에서 둘째로 태어난 송영욱 사장은 어린 나이에 미국으로 이민을 갔다. 그는 미국을 제2의 조국으로 삼고 당당한 주인의식과 자립정신을 가훈처럼 받아들이며 자라왔다. 그러나 개척교회 목사가 천직이던 성직자 가정의 생활은 가난했고, 이것은 한국에서부터 겪어 왔던 어려움의 연속이었다. 그래서 경제적으로 어려웠던 그가 대학교 진학으로 선택한 것은 산학협동형 특수 공과대학으로 유명한 GMI(General Motors Institute)였다. 이 곳에서라면 장학금을 받고 공부를 하면서도 동시에 일(실습)을 통해 현장감각을 익힐 수도 있었기 때문이다. 경쟁률이 8대 1이나 되었지만 그는 학비와 생활비 모두를 면제받는 장학생으로 당당히 합격했다. 그리고 자동차 전자 디스플레이 등을 설계·제작하는 부서에서 일을 하면서 결국 공학사 학위를 받게 되었다. 이는 그가 산학협동의 기본틀 개념을 익히는 좋은 경험이 되었고, 훗날 MIT 대학원에서 연구활동과 산학협동을 동시에 누릴 수 있는 혜택을 활용할 수 있도록 도와주었다.

송영욱은 GMI에서 공부하면서 사업이 무엇인지를 깨달았다. 그리고 할 수 있다는 자신감도 얻었다. 그런가 하면 MIT에서는 새로운 사업에 많이 참여하는 교수와 대학원생들을 보면서 최신 첨단기술 회사를 창업·성공시키는 사람들의 기업가 정신에 매료되기도 하였다. 그리고 이 때부터 '나도 곧 그들과 같은 경험과 성공을 현실로 만들어 보이겠다'는 꿈을 꾸게 되었던 것이다.

졸업 후에는 제너럴모터스(GM) 사에서 18개월 동안 의무적으로 근무를 해야 했다. 근무지는 인디애나 주 코코모라는 소도시 공장이었고, MIT 재학시절에 만난 현재의 아내 티나와 함께 같은 곳에서 일하게 되었다. 하지만 코코모는 전형적으로 보수적인 작은 마을이어서, 한국인과 백인 혈통의 미국인 부부를 달갑게 생각하지 않았고 자식을 기르는 데 있어서도 어려움이 많았기 때문에 두 사람에게는 그리 편한 곳이 못 되었다. 그러던 차에 급성장 길을 걷기 시작한 용역 회사 오라클 사(Oracle Corp.)가 채용의사를 밝혀 왔고, 이들은 송영욱을 스카웃하기 위해 GM에 반납할 장학금 5만 달러를 대신 갚아주면서까지 그를 특채 요원으로 입사시켰다. 게다가 아내 티나에게도 일자리를 주어 부부가 함께 오라클 사의 직원으로 채용되었다.

오라클 사에서의 성취와 좌절

오라클 사는 새로운 데이터베이스 소프트웨어를 만들어 내는, 즉 회사의 전산화된 컴퓨터시스템을 만들어 주는 기업으로서 세계 100대 기업 가운데 12위를 기록하는, 소프트웨어 산업에서는 마이크로소프트 사 다음 가는 거대기업이다. 창립 이래 매년 급성장을 거듭해 온 오라클 사의 성장속도는 타의 추종을 불허했으니, 송영욱 사장이 입사한 해에 불과 2천 명에 지나지 않던 직원이, 2년 후 그가 그만둘 당시에는 1만 명으로 늘어나 있었다. 너무 빨리 성장해서 필요한 인재를 제때에 고용할 수 없을 정도였다. 그래서 이들은 유능한 경력자를 충분히 고용하기는 어렵다고 판단하여, 빨리 배울 수 있는 총명한 젊은이를 채용하고자 했던 것이다. 이러한 오라클 사가 송영욱을 끈질기게 원했던 것은 그의 탁월한 공학기술적 지식뿐만 아니라, 보통의 MIT 출신이 가지고 있지 못한 훌륭한 의사소통과 대인관계 능력을 높이 평가했기 때문이었다.

송영욱은 1988년 오라클 사 시카고 지사에 입사하여 신입 컨설턴트로 일하기 시작했다. 그의 첫 과업은 모토로라(Motorola) 사의 프로젝트였다. 여기에는 다섯 명이나 되는 많은 선임연구원이 참여하고 있었는데, 그들은 모두 최고의 실력을 갖춘 사람들이었음에도 불구하고 좋은 성과를 내지 못하고 있었다. 왜냐하면 모토로라 사의 경영시스템에 관한 매우 기술적인 영역의 문제가 걸림돌로 작용하고 있기 때문이었다. 그러나 송영욱은 그 팀에 들어가서 오랜 기간 동안 골칫덩어리로 남아 있던 바로 그 문제들을 해결해냈고, 그 덕분에 처음에는 조력자로 참여했던 그가 이 중요한 프로젝트의 핵심주자가 될 수 있었다. 이 때부터 송영욱은 경영자들에게 주목의 대상이 되었다. 결과적으로 그는 18개월 후에 신입사원에서 스태프라는 두 단계를 건너뛰어 선임 컨설턴트로 승진할 수 있었고, 좋은 대우를 받는 가운데 책임자 위치에서 많은 일을 해냈다.

입사 1년 후인 1989년 여름, 송영욱은 150명 직원 규모의 시카고를 떠나 부모님이 계시는 시애틀 지사에 자원하였다. 당시 12명의 직원만이 있던 시애틀 지사는 이제 막 출발단계에 있었고, 여기서 그가 처음 맡은 일은 시애틀 지역 최대의 회사들인 보잉(Boeing) 사나 웨이어하우저(Wayehauser) 사를 상대하는 것이었다. 이 과정에서 그는 점차 유능한 문제 해결자로 알려지기 시작했고, 약 8개월 후에는 그가 맡은 프로젝트가 크게 성장하여 지사에서 세 번째로 유력한 컨설턴트가 되었다. 그후 당시 송영욱을 처음 채용했던 관리자 마이크 시몬즈가 전체 컨설팅의 부사장으로 승진했고, 그는 송영욱을 시애틀 지사의 컨설팅 판매부서로 발령내었다. 그러나 애초에 1년 한시직으로 약속했던 판매부서 근무는 그의 판매성과가 높다는 이유로 연장되었고, 컨설턴트로의 복귀는 점점 더 어려워졌다. 원치 않는 부서에 묶어두는 회사의 처사에 실망했던 송영욱은 지금이야말로 자신의 꿈을 실현시킬 수 있는 절호의 기회라고 생각하여 마침내 창업을 결심하게 되었다.

송영욱은 학교에서 체험한 산학협동 세계의 실상과 오라클 사에서의 경험을 통해 창업에 대해 자신감을 갖게 되었다. 비전을 갖고 꾸준히 자기혁신의 노력을 기울여온 그에게는 두려울 것이 없었다. 또한 만약 실패하는 일이 있다고 해도 자신의 기술과 아내의 이력 등으로 얼마든지 새로운 도전을 할 수 있다고 생각했기 때문에, 27세라는 젊은 나이에 창업을 결심하게 된 것이다.

애리스 사, 준비된 창업

"드디어 해냈어요!"

뉴욕에서 시애틀 집으로 들아오는 비행기 안에서 전화를 하는 송영욱 사장의 음성은 흥분되어 있었다. 1997년 6월 18일 애리스 사가 증시에 상장된 것이었다. 공식 상장가는 15달러였으나, 현재 19달러로 거래되고 있다는 소식을 부모에게 알리는 전화였다. 이제부터가 시작이었다.

그는 부자가 되었다는 것보다 꿈꾸던 사업을 이룬 것이 더욱 기뻤다. 그러나 그에게 정작 보람을 안겨준 것은 애리스 사를 위해 열심히 일해준 21명의 중진 임원들이 백만장자가 된 것이었다. 회사를 시작할 때 100%이던 자신의 지분이 상장 이후 47.5%로 줄어들었지만 이것마저도 기뻤다. 자신의 소유지분이 이처럼 줄어든 것은 융자를 위해 지분이 분산되었던 칯도 있었지만, 상당부분의 지분을 간부들에게 나눠줬기 때문이었다. 곧이어 다른 모든 직원들에게도 지분을 줄 것을 약속한 송영욱 사장은 모든 사람들에게 대단한 신뢰를 받게 되었다.

자본금 1천 달러토 집 아라층 방에 몇 대의 컴퓨터만을 놓고 창업했던 애리스 사의 이 같은 성장은, 그래서 더욱 놀라웠다. 사실 애리스 사가 오늘날과 같은 명성을 얻은 데에는 1994년, 수주 경쟁상대였던 오라클 사를 제치고 미국 국세청(IRS)으로부터 3백만 달러짜리 프로젝트를 따낸 사건이 결정적인 계기로 작용했다. 국세청은 당시 공업용 디젤이 면세인 점을 이용하여 차량용을 공업용으로 속이는 탈세자들 때문에 골머리를 앓고 있었다. 그러던 차에 애리스 사는 그들을 위해

‘디젤유 탈세 방지 프로그램’을 개발하여 전산화시스템을 설치했고, 이것은 국세청 관계자들을 놀라게 했다. 이러한 실적은 애리스 사의 능력을 입증해 주는 객관적인 지표가 되어 오늘날과 같은 급성장 우수기업이 되기까지 그 성공의 발판으로 작용하였다.

이방에서 주인처럼

이민기업가로서의 성공 비결은 ‘이방에서 주인처럼 살아가는 자신감’과 ‘한국인이라는 사실에 대한 자부심’에 있다고 송영욱 사장은 말한다. 즉, 한인 이민 1세들이 겪기 마련인 미국에서의 문화충격을 극복해 가는 노력과 한인 이민자도 미국인에 비해 결코 열등하지 않다는 자부심을 키워가는 노력이 중요하다는 얘기이다. 이를 위해 고등학교 시절의 송영욱은 운동 등의 과외활동에도 많은 열의를 보였고, 특히 자신이 좋아하는 농구에서는 선수로 활동하고 싶어하기도 했다. 그래서 농구연습에 남들보다 더 많은 노력을 기울였지만, 결국엔 키가 작은 것이 걸림돌이 되었다. 그때 그는 자신이 남들보다 더 잘할 수 있는 분야를 생각해 보았고, 그 결과 운동 대신 공부를 열심히 하기로 마음먹었다. 이렇게 해서 공부로써 미국인과의 경쟁의식에서 열등감을 극복할 수 있었고, 이방에서 당당한 주인의식을 갖게 되었다. 이 때서야 비로소 한국인으로서의 정체성을 찾게 되는 여유도 생겨나고, 더 이상 자신의 존재를 증명해 보이려고 애써 노력할 필요가 없게 되었다고 그는 말한다.

여기에 덧붙여 이방인이 미국에서 사업으로 성공하기 위해서는 철저히 미국 사람이 되어 그 사회의 주류 속으로 파고드는 노력이 필수적이다. 송영욱 사장은 한국사람만을 상대로 하는 사업은 기업가로서의 성공에 스스로 한계선을 그어놓는 결과를 초래하기 때문에, 이는 시장을 비롯한 기회 자체를 소규모로 제한하는 것이라고 말한다. 요컨대 철저한 미국화 노력 없이는 온전한 성공을 거두기가 어렵다는 말이다. 이러한 점에서, 어린 나이에 미국으로 이민을 와 그 곳에서 모든 교육과정을 마쳤다는 것은 그의 성공에 커다란 장점으로 작용하였다. 그는 한국 태생이면서도, 한편 문화적으로는 미국 사람이기도 했던 것이다.

미국에서 성공하려면 철저히 미국 사람이 되라

1966년, 당시 전도사이던 송영욱의 아버지는 미국 어느 선교기관의 초청으로 혼자 미국으로 건너갔고, 이어서 1968년 어머니와 두 형제가 이민을 오게 되었다. 먼저 간 곳은 캘리포니아 주 벤트라(Ventra)라는 곳이었고, 이 곳에서 여동생 영인이 태어났다. 그리고 1970년 9월에는 워싱턴 주 타코마(Tacoma)로 이사하여 개척교회를 세우게 되었으니, 송영욱은 그만큼 독실한 기독교 가정에서 자라났다.

미국생활 초창기에 대부분의 이민자들이 겪기 마련인 언어와 문화적 차이, 학교생활 적응문제, 소외감 등의 장벽은 송영욱의 가족에게도 문제로 다가왔다. 이때 미국인 가정교사 에스더 선생은 그들 형제에게 운동을 시키고, 공부와 미국식 매너를 가르쳐주는 등, 어떤 때는 엄격하게 어떤 때는 따뜻한 사랑으로 그들을 친자식같이 돌봐주었다. 시간이 흐를수록 송영욱 형제는 거의 모든 대화를 영어로만 할 수 있게 되었고, 언어생활과 행동에 있어서 점차 미국화되어 가는 모습을 보여주었다.

송영욱은 어쩌면 성공하는 기업가의 자질을 타고난 사람이었던 것 같다. 어려서부터 새로운 것을 탐구하려는 호기심에 가득 찬 소년은 닭고기를 먹을 때는 콩팥이나 목 안을 쪼개고 들여다보기도 했다. 또 한국에 있을 때의 어느 겨울에는 문에 창호지를 새로 발라 놓으면 어느 틈에 머리로 받아 그 문에 커다란 구멍을 만들어 놓기도 하였다. 그런가 하면 어느 날은 언덕 차고에 세워놓았던 아버지 차를 만지다가 브레이크가 풀어지면서 차가 길 한복판으로 굴러떨어지는 일도 있었다. 잘못했다간 지나가는 차에 부딪쳐 차가 대파될 뻔한 매우 위험한 사고였다. 이 사고의 주인공이 겁 없는 어린 소년 송영욱이었음을 확인한 주변 사람들은 여간 놀란 게 아니었다.[7] 또 장난감도 그냥 가지고 놀지 않고 모두 조각으로 분해해 보곤 했던 그는 어려서부터 새로운 것을 만들어 내는 창의적 호기심으로 충만했다. 이러한 기질이 학교 공부에서도 긍정적으로 작용했는지, 그의 성적은 또래 아이들에 비해 매우 우수했다.

초등학교 4학년 어느 날은 학교 선생님으로부터 연락이 왔다. 그 때의 송영욱은 학교에서 과제를 내주면 다른 아이들보다 훨씬 일찍 끝내고서 오히려 아이들 공부를 방해한다는 것이었다. 그래서 두 학년이나 월반을 시켜야 한다는 제안에 부모로서는 고민이 되었다. 작은 동양 아이가 윗 학년의 덩치 큰 서양 아이들과 어울리는 데에는 문제가 있지 않을까 걱정됐고, 또한 한 학년 위인 그의 형을 염려해서 결국 월반은 시키지 않기로 하였다.

그는 이렇듯 학교 공부를 비롯한 모든 것에 항상 '너무 쉬워(so easy)' 라는 표현을 하곤 했다. 심지어 그가 잘 모르는 어려운 문제를 물어보아도 절대 모른다는 대답을 하는 법이 없었으며, 어느 정도의 시간을 두고 어떻게 해서든지 그 문제의 해답을 찾아내었다. 그런데 대학에 들어간 이후의 그의 태도는 확실히 달라졌다. 깊이 있는 학문을 다루는 대학공부의 높은 난이도에 비로소 도전하고 싶은 욕구가 생긴다며 밤낮을 가리지 않고 늘 공부에 열중하는 모습을 보여주었던 것이다.

열 여섯 살이 되던 날 아침에 송영욱은 학교를 가지 않고 집에 있었다. 생일날 아침 일찍 운전면허를 취득하고 싶어 아버지에게 미리 허락을 받아놓았기 때문이다. 학교를 결석하면서까지 면허를 얻고 싶었던 그였지만, 다소 어린 나이였기에 부모로서는 그가 차라리 시험에 떨어지기를 바랐다. 하지만 그는 보란 듯이 합격하였다. 어린 아들에게 운전을 허락하는 것이 못내 불안했던 부모님은 그에게 한 가지 제안을 했다. 방과 후 친구집에 가거나 혹은 농구 연습을 하더라도, 만일 귀가시간이 밤 11시를 넘게 되면 학교 외의 다른 활동은 모두 금지시키겠다는 것이었다. 그는 예민한 사춘기의 나이였지만 부모님의 제안을 그대로 따르겠다고 약속했다. 그리고는 귀가할 때면 여지없이 '우당탕' 소리를 내며 집 안으로 뛰어들어오기 일쑤였고, 그 때의 시간은 보통 11시 2분 전, 1분 전이었다. 그는 부산하게 들어와서는 어머니에게 인사를 하고 다시 밖으로 나가곤 했다. 창 밖으로 내다보면 차 문은 열려져 있고, 그제서야 책가방과 소지품을 꺼내 가지고 들어오는 것이었다. 이렇게 부모님과의 약속을 지키느라 최선을 다하는 모양이 기특하고도 만족스러웠다고 어머니는 회상한다.

고등학교 졸업 후에는 제너럴모터스 사 소속의 GMI라는 공과대학에 입학했다. 각 학생에게 1천5백 달러의 장학금을 제공할 뿐만 아니라 철저한 학습을 시키기로 유명한 특수학교였다. 본인 스스로가 이 학교를 선택했고 다행히 입학허가를 받았으나, 이름도 들어보지 못한 학교라는 것에 부모의 마음은 아쉬웠다. 하지만 아들의 뜻을 존중해 주었고, 그는 결국 GMI를 우수한 성적으로 졸업하여 대학원에 진학하게 되었다.

대학원은 MIT와 스탠포드 대학에 원서를 넣었으며, 물론 두 곳 모두로부터 입학허가를 받았다. 특히, MIT에는 조기입학이 가능하게 되었고, 전액장학금에 월 959달러의 생활비를 받을 수 있었을 뿐만 아니라, 어떠한 기업체의 일을 맡아 해줄 때에는 또 다른 수입을 보장해 주는 조건이었다. 송영욱은 캘리포니아에 있는 스탠포드 대학을 아쉬워했으나, 부모님과 의논한 끝에 결국 MIT로 마음을 정하고 컴퓨터공학을 전공하였다. 이 곳에서도 역시 좋은 성적을 보여 많은 교수들에게 인정을 받았던 그는, 하버드 대학에서 경영학석사(MBA) 과정을 수료한 뒤 다시 MIT에서 교수가 되는 것이 어떻겠냐는 제안을 받을 정도였다. 하지만 그는 사양했다. 첨단 정보통신 분야에서 개인회사를 창업하겠다는, 너무나도 확고한 자신의 꿈이 있었기 때문이다.

'내가 큰 일을 하고 성공을 한다고 해도 그것이 나만을 위한 것이라면 아무런 의미도 보람도 없을 것이다. 그땐 내 노력의 가치를 찾기도 어려울 것이며, 결국엔 회의를 느끼고 말 것이다.'

송영욱의 마음 속에는 언제부턴가 이런 생각이 생겨났다. 그는 결코 '나 혼자만을 위한 성공'을 꿈꾸지 않았다. 한때는, 성직자였던 아버지를 생각하며 세상의 출세나 성공이란 결국 허망한 것이 아닌가 하는 고민을 털어놓기도 했던 그였다. 이러한 성찰이 있었기에 현재 그는 9백여 명의 직원들과 그 가족들을 책임지고, 더 나아가서는 이 나라에 도움을 주기 위해 일을 한다는 분명한 목적을 정할 수 있었다. 또한 이렇듯 분명한 목표가 있었기에 언제나 일에 보람을 느낄 수 있었고, 어떠한 어려운 상황 속에서도 다시금 용기가 생겨났다고 한다.

송영욱을 키워낸 '리더 만들기' 8가지 지침

이방에서 자식 삼남매가 모두 훌륭하게 자라 성공할 수 있었던 바탕에는 성직자 부모의 신앙을 토대로 한 인성교육의 힘이 있었다. 즉, 송영욱을 기업가 및 리더로 성장시켰던 다음과 같은 '가정교육 8가지 지침' 이 있었던 것이다.

자녀들의 신앙에 관심을 가진다

송영욱의 부모는 기독교인답게, 당신들의 사는 모습 그 자체에서 아이들이 좋은 것을 브고 듣고 느낄 수 있도록 행동을 조심했다. 그러나 그의 어머니는 미국사회의 비윤리나 부도덕이 자녀들의 장래에 끼칠 영향에 대해 걱정하기도 하였다. 그래서 당시에는 한인교회가 미약했기 때문에 미국 침례교회의 교회 학교에 아이들을 등톡시키고 매주 출석하도록 하였다. 아이들이 집 밖에서 겪게 되는 일에 부모가 일일이 참견할 수는 없었으므로, 신앙을 토대로 한 진실한 생활 속에서 아이들의 정서적인 교육을 도왔던 것이다.

대화를 한다

부모로서 권위를 내세우기보다는 친구 사이처럼 허심탄회한 이야7

를 나누는 것이 중요하다. 대화내용이 굳이 깊이 있는 것일 필요는 없다. 그 중에는 때로는 쓸데없는 이야기라고 생각될 만큼 가볍고 신변잡기적인 이야기들도 많았다. 하지만 학교에서의 하루 일과를 묻다 보면, 아이의 학교생활과 그의 감정까지도 자연스레 알 수 있었다. 이렇듯 송영욱의 부모는 자식들과의 허물없는 대화를 일상화시키는 노력은 물론, 대화의 매너와 방식에 있어서도 모범을 보여왔다. 부모라고 해도 아이들의 언어습관을 고려하여 되도록이면 명령조의 말은 삼가했다. '이거 해', '저건 하지마', '공부해라' 등의 어투는 부지불식간에 아이들에게 부정적인 영향을 미칠 것이라고 생각했던 것이다. 또한 여러 사람이 함께 있을 때 누군가와 둘이서만 귓속말을 주고받는 것은 나머지 사람들에 대한 배려가 부족한 태도라고 지적하는 등, 아이들의 올바른 언어습관과 대화방식에 대해 늘 세심한 주의를 기울였다.

인격 형성이 중요하다

아무리 한 가족이라도 아이들에게 보여질 부모의 인격에 대해 조심하였다. 아이들이 부모를 지켜보는 앞에서는 의식적으로라도 말과 행동에 각별한 주의를 기울였다. 부모가 거짓말을 하면서 아이들에게 "거짓말하면 안돼"라고 할 수는 없었기에 선의의 거짓말이라도 되도록 삼가하며, 언제나 정직하고 진실된 모습을 보여주려고 노력했다. 또한 아이가 가끔씩 친구의 험담을 할 때면, 어머니는 주로 상대방의 편에 서서 말을 받곤 했다. "그것은 오히려 네가 잘못한 것 같구나", "너는 예전에 그보다 심한 일을 저지르곤 했잖니. 엄마가 판단하기엔 그 친구가 너보다 더 나은걸. 결국 반성은 네 몫인 것 같구나." 때로 아이가 정말 억울한 일을 겪었을 때에는 "세상에는 올바른 사람들만 살고 있는 게 아니란다. 네가 이해하고 조심하는 것이 문제해결의 지름 길이지"라고 말해 주곤 했다. 물론 공감을 구하는 자녀에게 책망을 하기란 쉬운 일이 아니었다. 하지만 이렇게라도 아이들을 깨우치면 언젠가는 반드시 약이 될 것이라고 믿었다. 자기 안에서만 머무르다 보면 다른 면을 깨달을 수가 없기에, 때로는 주변을 돌아보라는 꾸중 섞인 말을 하기도 했다. 이는 성공이란 것도 결국 올바른 인격의 기초 위에서 성취되어야만, 그 사람이 존경받고 인정받는 훌륭한 리더가 될 수 있기 때문이었다.

함께 놀아준다

송영욱의 가족은 미 대륙을 횡단하면서 교회집회를 겸한 즐거운 여행을 하곤 했다. 아무리 바쁜 일상 속에서도 가족이 함께 여가를 즐기는 것을 매우 중요하게 여겼기 때문이다. 저녁에는 아이들과 부모가 편을 짜서 카드 게임을 하고 낮에는 발야구를 하기도 했다. 또 탁구나 테니스와 같은 스포츠 경기로 자식과 부모가 시합을 벌이기도 하는 등, 아이들과 함께 가능한 한 많은 시간을 보내려고 노력했다.

자립정신을 키워준다

송영욱을 비롯한 삼남매는 모두 고등학교 시절에 일을 한 경험을 갖고 있었다. 그의 큰형은 여름방학 동안 알래스카에 가서 배를 타고 고기를 잡는 일을 했는데, 매일 새벽 4시에 일어나야 하는 힘든 일이었다. 그때 부모의 마음은 아팠지만 자식의 앞날을 위해서는 많은 도움이 될 것이라고 믿었기에 허락을 했다. 또 학창시절의 송영욱은 방학 때면 가게에서 유니폼을 입고 아르바이트를 했으며, 여동생도 방학 때마다 아이스크림 집에서 일을 하고, 저녁에는 애 보는 일 등을 하며 부지런을 떨었다. 이러한 경험은 훗날 어디서 무슨 일을 하더라도 '할 수 있다'는 자신감을 갖게 해주었다. 또한 누구에게도 의존하지 않고 홀로 설 수 있는 자립정신을 심어주기도 하였는데, 그래서인지 아이들은 "용돈이 필요하니?" 하고 물으면 "아니요, 필요없어요"라며 부모에게서도 경제적인 도움을 받지 않으려 하였다.

부모가 먼저 모범이 된다

자녀는 부모를 그대로 닮는다는 말이 있다. 특히 부모가 다투는 모습을 자주 보고 자란 아이들은 심각한 정서장애나 성장 후 원만한 결혼생활을 유지하지 못하는 경우가 많다. 그러므로 아이들이 성장하는 과정에서 부모가 서로 존중하고 의좋게 사는 모습을 보여주면, 아이들 또한 원만한 정서를 형성하게 된다. 실제로 송영욱의 형제들은 성장하여 결혼한 후에도 그 배우자들을 편하게 대해 주었고, 서로 아끼며 사랑하는 모습을 보여주어 부모를 흡족하게 하기도 했다. 이 밖에도 송영욱의 부모는 매사에 아이들의 모범이 되도록 노력을 게을리하지 않았다.

진정한 사랑을 표현한다

부모의 관심과 사랑은 자녀에게 생기를 북돋아주며 매사에 자신감과 만족감을 주고 용기를 갖도록 해준다. 1994년 송영욱 사장은 성공한 사업가로 뽑혀 이민 1.5세·2세들의 모임(KAP)에서 수여하는 상을 받은 적이 있었다. 수백 명의 한국인과 미국인이 모인 자리에서 그는, "나의 비즈니스에서 오늘이 있기까지는 나를 위해 항상 기도하시는 부모님의 은혜가 있었다"라고 말하며 부모에게 감사를 표하기도 했다. 그는 부모님으로부터 지극한 사랑을 받고 있다는 자신감을 갖고 있었다. 부모님이 기뻐할 일이라면 아무리 작은 일이라도 전화를 걸어 말씀드리곤 했다. 부모의 진정한 자식사랑은 아이들에게 깊은 감동을 주기 마련이다.

용기를 준다

작은 일에도 칭찬을 아끼지 않았다. 아이들이 성적표를 보일 때면 그 결과에 관계없이 우선 수고했다는 칭찬과 격려를 아끼지 않았고, 앞으로도 최선을 다할 수 있도록 용기를 북돋아주곤 했다. 부모가 자식에게 그들이 얼마나 소중한 존재인가를 고백하게 되면, 자식들 또한 자부심을 갖고 용기를 얻는다. 그들은 부모를 의식하며 실망시켜 드리지 않으려고 모든 일에 최선의 노력을 다할 것이다.

송영욱의 부모는 이상과 같은 8가지 지침으로써 아이들의 인성교육에 정성과 열의를 다하였고, 그의 리더로서의 자질과 능력은 바로 이러한 가정교육에서 길러진 것이었다.

애리스 사의 성공 비결

송영욱 사장은 어느 출판사와의 인터뷰[8]에서 애리스 사가 오늘날과 같은 성공을 거두기까지의 나름대로의 비결과 자신의 철학을 이야기했다. 대략 4가지로 나누어 그의 이야기를 직접 들어보자.

돈보다 중요한 인생의 목표

— 송영욱 사장은 젊은 나이에, 그것도 타고난 재능과 두뇌로 단숨에 억만장자가 된 사람이다. 이러한 그가 갖고 있는 돈에 대한 철학은 무엇일까?

"돈은 그 상징성 때문에 매우 중요하다고 생각하지만, 그렇다고 제가 물질주의적인 사람은 아닙니다. 다시 말해 저는 돈을 많이 쓰거나 돈이 많이 필요한 사람이 아닙니다. 어렸을 때에는 구두쇠라는 소리를 들을 정도로 돈 관리에 있어서 매우 꼼꼼했고, 이러한 습관은 제가 사업을 할 때 장점으로 작용했습니다. 하지만 저는 결코 가능한 한 최고의 부자가 되겠다는 동기를 가져본 적이 없으며, 돈만을 좇아서 움직여본 적도 없습니다. 많은 부를 창출해낸 사람들은 하와이나 미국 본토에서 '두 번째 집'을 마련할 수도 있고, 차 여섯 대를 소유하는 등의 일을 할 수도 있습니다. 그러나 그런 모든 것들은 제 목표가 아닙니다. 2천 달러짜리 옷을 사는 일 등이 제게는 아무런 동기가 되지 않습니다.

제게 동기를 부여하는 것은 돈이 일종의 척도가 된다는 사실입니다. 얼마나 성공했는가를 말할 때 사람들이 보통 의미하는 것은 '부를 얼마나 잘 관리하느냐' 하는 것이기 때문입니다. 언젠가 이 세상을 떠날 때가 되면 저는 제 돈의 거의 대부분을 제가 믿는 여러 가지 일들, 가령 자선사업이나 교회사역 등에 기부할 것입니다. 제가 가진 것의 대부분을 소비적으로 다 써버리진 않을 것입니다. 그것은 제가 지금처럼 애써서 노력하는 목표가 아니기 때문이죠.

저는 이 회사가 파산되고 돈을 다 잃는다 해도 제 인생에 크게 달라질 것이 없기를 바랍니다. 제게는 사랑하는 아내와 자녀, 그리고 가족이 있으니까요. 최소한 저는 매우 유용한 기술을 갖고 있기 때문에 최악의 상황에서도 또 다시 좋은 삶을 살아갈 수 있다고 믿습니다. 돈을 많이 가지면 가질수록 다른 부유층 사람들과 어울리며 그들의 습관을 따라가기가 쉽습니다. 그들은 돈을 쉽게 쓰죠. 물론 어느 정도의 커다란 성공을 거둔 저 역시도 5년 전과 똑같은 소비행동을 갖고 있지는 않습니다. 그러나 저의 기본적인 태도만은 변하지 않기를 바라면서 저는 항상 제 자신을 점검해 왔습니다.

저와 같은 생각으로 누구보다도 건전한 소비습관을 갖고 있는 사람은 바로 제 아내입니다. 그녀는 물질적인 것에 대해 거의 신경을 쓰지 않죠. 아내는 이 회사에서 많은 책임이 따르는 중직을 맡고 있습니다. 그러나 아내에게 가장 중요한 것은 가정이기 때문에 출장가는 것을 좋아하지 않습니다. 종종 우리는 쇼핑하기 좋아하고 돈을 함부로 써버리는 주부들을 보곤 하는데, 제 아내 티나는 그런 것을 전혀 좋아하지 않기 때문에 어떤 유혹에도 흔들리지 않습니다. 저는 청년회장단협회(Young President's Organization)에 소속되어 있습니다. 이 그룹의 사람들은 모두 시어틀 지역의 회사 사장들이며 50세 미만이죠. 그들의 아내들은 대부분 사교클럽이나 골프클럽 등에 다니며 쇼핑을 하고 돈을 씁니다. 그래서 사람들은 서로를 놀리며 "아내가 돈을 얼마나 쓰는지 주의해서 봐야 돼" 라는 말을 하곤 하죠. 그러나 저는 결코 그런 걱정을 하지 않습니다.

제가 깨달은 한 가지는, 너무 바쁜 우리 부부에게는 시간이 돈보다 훨씬 더 커다란 가치가 있다는 것입니다. 그렇기 때문에 많은 경우 저는 시간 절약과 편리함을 위해 돈을 지출하고자 합니다. 예를 들어, 저는 사람을 고용하여 집을 청소하게 하거나 잔디를 깎게 하는 데에 돈을 씁니다. 그런 일에 시간을 소비하고 싶지는 않기 때문이죠. 물론 돈이 없는 삶은 이런 것을 낭비라고 볼 수도 있습니다. 그러나 저는 더 많은 시간을 가족들과 함께 보내거나 제가 좋아하는 일을 하면서 보낼 수 있기를 바라는 것뿐입니다."

리더와 직원들의 상호협력, 즉 팀워크가 비결

— 송영욱 사장이 비즈니스에 대해 갖고 있는 신조는 이렇다.

"우리는 서비스 회사입니다. 우리는 자동차를 만들지도 않고 TV를 만들지도 않으며 어떠한 물건도 만들지 않습니다. 우리가 하는 것은 서비스를 제공하는 것입니다. 이것은 마치 변호사나 의사가 하는 일과 같은데, 우리는 우리의 기술과 지식을 사용하여 서비스를 제공함으로써 다른 사람들을 돕고, 그 서비스를 제공받는 사람들로부터 대가를 받습니다. 그러므로 우리 회사의 성공은 직원들의 기술과 발전에 그 기반을 두고 있습니다. 이는 마치 법률회사의 성공이 변호사들에게 달려 있는 것과 마찬가지입니다.

그리고 제가 깨달은 또 한 가지는 우리 회사가 성공할 수 있었던 근본적인 원인은 직원들이지, 저 송영욱이 아니라는 것입니다. 물론 저는 리더이고, 그렇기 때문에 직원들에게 기본적인 지침과 방향을 제시합니다. 그러나 일을 하는 것은 제가 아닙니다. 우리 회사의 직원들이 매일 나와 일을 하여 오늘날의 성공을 만들어간 것입니다. 다방면에서 음양으로 저를 도와준 훌륭한 사람들의 도움이 없었다면 제 아무리 뛰어난 리더라 해도 이와 같은 성공을 만들어 갈 수는 없었을 것입니다. 이 회사를 창업한 사람이 저라고는 하지만, 제가 지나치게 거의 모든 주목을 받고 있다고 생각합니다. 이 모든 성공이 저로 말미암아 이루어졌다고 생각하는 것은 정말로 공정하지 못합니다. 실력이 부족한 사람들과 함께 했다면, 우리 회사는 오늘날과 같이 성장하지 못했을 것이며, 폴 송이 누구인지에 대해서 아무도 신경쓰지 않았을 것입니다.

이제 저는 경제적으로 충분히 안정을 이루었기 때문에 더 이상의 돈을 필요로 하진 않습니다. 제 평생을 살아가는 데 필요한 돈을 이미 갖추고 있기에, 단지 생존만을 위해서라면 조금도 더 일할 필요가 없습니다. 그러나 매일같이 열심히 일해 온 다른 많은 사람들이 아직 그들 자신의 목표에 도달하지 못했습니다. 그러므로 제가 계속해서 일하는 것은 매우 중요합니다. 회사를 이끌고 더 성공적인 결과를 창출하려고 노력함으로써, 다른 사람들 역시 경제적 안정감을 느끼게 해야 합니다. 이 회사에는 900여 명의 직원들이 함께 하고 있으며, 그들은 모두 우리 회사에 생계를 의존하고 있습니다. 이것만큼 커다란 책임은 없습니다. 그래서 설령 제가 일을 그만두고 싶은 생각이 들지라도, 제게는 다른 많은 사람들에 대한 책임이 있습니다. 제가 그들의 도움을 필요로 할 때, 그들은 멈추지 않았습니다. 그러므로 저도 분명히 일하기를 중단하지 않을 것입니다. 그리고 그들에게 제 도움이 필요할 때 저는 항상 최선을 다할 것입니다. 이것이야말로 진정한 팀워크입니다."

사람에 대한 철학과 사업의 신조 확립

— 송영욱 사장에게 이번에는 사람에 대한 철학을 물었다.

"저는 인생에서 사람 이외에 중요한 것은 별로 없다는 것을 확신합니다. 저는 90살 이상 살기를 바라는데, 제가 나이가 들어 죽음을 맞이할 준비가 되었을 때, '아, 내게 집이 한 채 더 있었다면 좋았을 텐데'라는 생각을 하지는 않을 것입니다. 저는 자식과 아내, 부모님, 손자·손녀 등을 생각할 것입니다. 저는 다른 사람들을 돕는 것만이 인생의 참된 성취감과 만족감을 준다고 믿습니다. 임종을 앞둔 침상에 누워 자신이 어떻게 살았는지를 생각할 때, 그것은 대부분 다른 사람들과의 관계에 근거합니다. 크리스천으로서 제가 분명한 우리의 의무라고 여기는 것은 서로를 돌아보고 다른 사람을 돕는 것입니다.

제게는 두 가지 신조가 있는데, 그 하나는 비즈니스에 관한 신조입니다. 저는 사람들, 즉 직원들이 제 '고객'이라는 사실을 잘 인식해야 한다고 생각합니다. 그러므로 저는 그들을 잘 대우해야 합니다. 그렇게 하지 않으면 그들은 회사를 떠나게 되어 저는 사업을 할 수도 없고 성공할 수도 없을 것이기 때문입니다. 이는 저의 실용적인 관점에 따른 사고입니다. 그러나 한편 이러한 비즈니스적 신조는 반드시 제 개인적인 신조와 잘 융합되어야만 합니다. 만일 사람이 비도덕적이라면 모든 것은 하루아침에 사라질 수도 있을 것입니다. 회사를 비즈니스 그 이상의 것으로 바라볼 때 비로소 사람들의 중요성을 깨달을 수 있습니다.

또한 모든 일의 공을 자신에게 돌리는 식으로 명예를 독차지할 것이 아니라, 다른 사람들을 인정하는 태도가 매우 중요하다고 생각합니다. 많은 사람들이 저를 도왔을 때 제가 인정해야 할 것은, 그것이 제가 항상 운이 좋았다거나 혹은 똑똑하거나 다른 사람보다 낫기 때문은 아니라는 것입니다. 물론 똑똑하고 재능 있는 사람들이 성공할 확률이 높은 것은 사실입니다. 그러나 사람들의 성공 정도는 환경에 의해 많이 좌우됩니다. 똑똑한 것 못지않게 올바른 시기와 올바른 장소를 선택하는 지혜가 중요하죠. '내 권한 밖에 있는 기회가 내게 주어지도록 하는 것'이 중요합니다.

사람, 비즈니스, 돈 등에 대한 저의 신조는 크리스천 가정에서 자랐다는 배경에 기인합니다. 언젠가 제가 죽을 때 제가 그리 중요한 존재로 남을 것이라고 자만하지는 않습니다. 역사책에 제 이름이 기억되는 일은 없을 것입니다. 그렇다면 제가 후에 남길 수 있는 유산은 무엇입니까? 그리고 저는 무엇을 위해 살아야 합니까? 저는 제 신앙으로 인해 이런 점에 주목하게 되었습니다. 그렇지 않았다면 저는 제 자신만을 위해 일했을지도 모릅니다.

저의 관점은 이렇습니다. 우리는 공공기업으로서 큰 성공을 거둘 것이라고 믿고 있습니다. 물론 큰 어려움을 경험할 수도 있겠지만, 그러나 그것은 문제가 되지 않습니다. 왜냐하면 제게는 인생에서 더 중요한 것이 있기 때문이죠. 그것은 죽음 이후에 영원한 삶이 있다고 믿는 저의 신앙에서 비롯된 것입니다. 그래서 이 세상에서 일어나는 일이 제게는 가장 중요한 일이 될 수는 없습니다. 이러한 믿음은 제게 언제나 자신감을 심어주지요."

정직하고 성실한 최고 자격의 사람 채용

— 비즈니스 파트너나 직원을 채용할 때 그들이 크리스천이어야 함을 염두에 두고 있느냐는 질문에 대해 그는 이렇게 말했다.

"아닙니다. 저는 최고의 자격을 갖춘 사람들을 채용할 따름입니다. 그런데 저의 오른팔이라고 할 수 있는 켄들처럼 대부분의 직원들이 또한 크리스천이라는 사실은 제게 큰 행운입니다. 켄들과 저는 일주일에 한 번씩 서로의 집을 방문하면서 비즈니스를 두고 함께 기도합니다. 크리스천이 드문 분야의 산업에 종사하면서도, 이처럼 우리 회사에 많은 크리스천이 있다는 것은 큰 행운입니다. 하지만 영국 지점을 운영하는 휴와 같은 사람은 크리스천이 아닙니다. 그런 사람들도 많이 있지요.

그러나 저는 그들을 정말로 좋아합니다. 특히 휴는 매우 친절하며 훌륭한 사람입니다. 그는 이미 크리스천이 가져야 할 많은 덕목들을 지니고 있지만, 단지 그리스도를 믿지 않을 뿐이지요. 저는 그에게 믿음을 강요하지는 않을 작정입니다. 논쟁하고 납득시키는 대신 저는 그가 제 삶을 통해 스스로 보게 되기를 원합니다. 크리스천들은 너무나도 많은 경우 기독교 신앙을 갖고 있으면서도 그대로 살고 있지 않을 때가 많습니다. 저는 말을 하기보다는 오히려 그런 삶을 살고자 합니다. 왜냐하면 행동이 말보다 더 큰 호소력을 갖는다고 믿기 때문입니다.

우리 회사에는 사명선언문(Mission Statement, http://www.aris.com 참조)이 있고, 그 안에는 가치진술문이 있습니다. 그 내용은 우리가 상호 존경하고, 온전한 성실성·정직성·재정적 책임감으로 서로를 대함으로써 지속적인 인간관계를 형성해야 한다는 것입니다. 저는 이 회사의 모든 구성원들이 이러한 가치에 동의하기를 바랍니다. 이것이 제가 직원을 채용할 때 제시하는 근본적인 첫 단계입니다. 우리의 가치진술문에 있는 성실성·정직성·존경심 등을 믿고 그에 따라 행동하기 위해서 반드시 크리스천이어야 할 필요는 없습니다. 우리 회사에 들어오기 위한 조건은 사명선언문에 따라 행동하는 것입니다. 정직하지 않은 사람은 이 회사에 있을 수 없습니다."

기업가로서의 송영욱

애리스 사의 특징 가운데 가장 눈에 띄는 한 가지는 이 회사가 가족기업(family business)이라는 사실이다. 송영욱 사장의 형인 존 송

(John Song) 역시 착임경영자의 한 사람으로서 교육훈련 담당 부사장을 맡고 있고, 부인 티나 송은 인력자원 담당 겸 행정관리 부사장을, 그리고 이어서 막내 여동생과 그 남편도 입사를 했으니, 애리스 사는 과연 부모를 제외한 온가족이 함께 하는 가족기업인 셈이다.

좌로부터 티나(폴의 부인), 폴, 켄들 부사장, 존 부사장(폴의 형)

"나는 어른이 되면 회사를 만들어 부자가 될 거야! 형이 우리 회사에 오면 월급 많이 줄게."

송영욱 사장은 어려서부터 이런 말을 습관처럼 해왔고, 이것은 오늘날 현실에 그대로 옮겨졌다. 그는 어린 나이에 타향살이를 시작했다. 착실한 기독교 목사 가정의 가난한 생활 속에서 이방인이 아닌 주인으로 살아야 한다는 부모의 가르침 아래 씩씩하고 올바르게 성장했다. 그리고 자라면서 그의 우수한 두뇌를 더욱 키워갔다. 그 덕분에 일과 공부를 병행해야 하는 고학생의 생활 속에서도 미국 최고학부의 교육을 받을 수 있었던 것이다. 또한 기업가나 리더 만들기는 좋은 가정교육에서부터 시작된다는 리더십 개발론처럼, 송영욱 사장의 성공은 가정의 역할이 갖는 중요성을 실증적 사례로 보여주기도 하였다. 자기 재능을 최대로 발휘할 수 있는 '완전기능 인간(Full-functioning person)'을 지향하는 지혜로운 어머니의 양육법 8가지 원칙이 후일 '자기 회사 만들기'의 꿈을 이루게 하고, 온가족이 참여하는 가족기업으로 탄탄한 성공의 길을 걷게 도운 것이다.

　송영욱 사장이 창업한 벤처기업 애리스 사가 시애틀에 있다 보니 사람들은 그를 가리켜 '황색 빌게이츠'라고도 한다. 그가 이루어낸 성공과 이 분야에서의 지명도가 그만큼 대단한 것이기 때문이다. 특히 가치경영의 리더십으로 미국 전역은 물론 세계로 뻗어나가는 다국적 기업을 탄생시킨 그는, 앞으로 새로운 시대를 이끌어갈 첨단기술 기업가이자, 자랑스러운 한인 이민기업가임에 틀림없다.

21세기 인터넷시장의 '큰 孫'

1999년 12월, 미국의 양대 시사 주간지, 〈타임〉과 〈뉴스위크〉 지는 모두 일본 소프트뱅크 사의 손정의(일본명 손 마사요시) 사장을 '올해의 아시아 인물'로 선정하였다. 〈뉴스위크〉 지는 "손정의 사장은 일본을 인터넷 시대로 이끌면서 위험을 감수하는 신세대의 길을 걷고 있다"고 그 선정이유를 밝혔다. 그러나 손정의는 그 해 '세계의 인물'로 선정해도 손색이 없을 정도의 영향력을 유감없이 발휘하며 지금도 전세계를 무대로 맹활약중이다.

· 편집자 주 : 이 책은 미국의 이민기업가를 중점적으로 소개하고 있지만, 우리의 대표적인 이민기업가이자 세계적인 기업가인 손정의를 빼놓을 수 없어 특별히 여기에 수록하였다.

손 정 의

소프트뱅크(Softbank) 사 / 손정의

손 정 의

인터넷의 지배자(Master of the Internet)

1999년, 일본 증시 사상 전대미문의 급등이 일어나 모두를 놀라게 했다. 4월 8일 주식시장에서 야후 재팬의 주가가 종가로 전날의 3천2백만 엔에서 1천만엔이 상승한 4천2백만엔이 된 것이다. 야후 재팬은 최대의 인터넷 검색 서비스 회사로서 소프트뱅크의 자회사이다. 야후 재팬 주식 1주의 액면가는 5만엔인데, 단 하루 만에 상승폭이 1천만엔에 달한 것이다. 그러나 야후 재팬 주식의 급등은 이 날로 끝나지 않았다. 다음날인 4월 9일, 야후의 주가는 다시 1천8백만엔이 올라 한 주의 가격이 6천만엔이 되었다. 요컨대 이 날 야후 주식을 단 한 주만 사는 데에도 도쿄 시내 건물 한 채를 살 수 있는 큰돈이 필요하게 된 것이다.

손정의, 그는 현재 야후의 성공을 기반으로 인터넷 인프라의 주요 부분을 장악하고, 나아가 인터넷 사의 금융 거래에 있어서도 패권을 잡으려고 하는, 한 마디로 무서운 속도로 성장하고 있는 젊은 기업가이다. 그가 이끄는 사업이 이렇듯 큰 성공을 거두면서 그의 동정과 소프트뱅크의 현황이 언론을 통해 자주 전해졌던 탓에, 이제 그의 이름은 우리에게도 낯설지 않은 것이 되었다. 하지만 구체적으로 그가 어떠한 품성과 의지, 아이디어와 실천으로 오늘날 인터넷 세계를 제패한 황제라는 칭호를 얻게 되었는지에 대해서는 그리 많이 알려져 있지 않은 것이 사실이다. 따라서 여기에 야망과 도전으로 가득찬 그의 인생 역정을 소개한다.

될성부른 나무의 떡잎

호기심으로 뭉친 겁 없는 아이

손정의는 1957년 8월 11일 규슈 사가 현 도스 시에서 4형제 중 차남으로 태어났다. 어린 시절 공부에 별로 취미가 없던 그는 학교성적도 그리 뛰어나지 않았으며, 야구나 축구와 같은 운동을 좋아하는, 겉보기엔 평범한 소년이었다. 하지만 사실 그의 못 말리는 실험정신은 유년 시절에 몇 가지 웃지 못할 에피소드를 남기기도 했다.

그는 TV 만화영화인 '거인의 별'을 보고 꽤 깊은 감동을 받았다. 만화 속 주인공의 아버지는 주인공을 훌륭한 야구 선수로 키우기 위해 주인공에게 '프로선수양성깁스'라고 하는 근력증강기구를 착용시키는데, 이를 본 손정의는 자신도 할 수 있다는 생각이 들어 용수철을 몸에 감아 보기도 하고 그것이 너무 아프자 대신 자전거 튜브를 감아 보기도 했다. 밤에 잘 때도 그것을 온몸에 두르고 자는 통에 자다 말고 끙끙 소리를 내면서 땀을 흘려 가족들을 깜짝 놀라게 하기도 했다.

그런가 하면 '유도일직선'이라는 당시의 인기 TV 프로그램에서 중요한 훈련도구로 나오는 쇠로 만든 '게다'를 손정의는 너무 갖고 싶어했다. 그래서 용돈을 모아 스포츠 용품점에서 그것을 구입했는데 실제로 신어 보니 쇠 소리가 귀에 매우 거슬리는 것이었다. 이때 그가 쇠로 된 게다에 착안하여 생각해낸 아이디어가 바로 무거운 쇠를 신발에 넣고 다니면서 발을 단련시키는 것이었다. 그러나 운동화 속에 철판을 넣고 한 걸음 디뎌본 순간, 그는 도저히 걸을 수가 없다는 사실에 너무나도 놀랐다. 신발은 바닥이 구부러져야 걸을 수 있다는 사실을 그때 처음 깨달은 것이었다. 그 때가 초등학교 5학년이었다.

한편 그는 축구를 연습하는 방식에서도 평범하지 않았다. 헤딩으로 확실한 득점을 하기 위해 머리를 단련시켜야겠다고 생각했고, 고민 끝에 낡은 타이어를 매달아 놓고 머리로 들이받기 시작했다. 그러나 직접 해보니 코피가 나기도 했고 잘못하면 목이 부러질 수도 있었으므로 어린 그에게는 매우 위험한 것이었다. 그럼에도 그는 이를 악물고 그 훈련을 혼자서 계속했고, 결국 이후의 축구시합에서 맹렬한 헤딩으로 많은 득점을 올릴 수 있었다고 한다. 그래서일까, 그 이후 손정의의 삶은 머리부터 돌진하는, 그야말로 기를 쓰고 덤비는 도전의 연속이었다.

손정의의 아버지는 아들에게서 재능의 싹을 발견한 뒤로 무슨 일이 있을 때마다 "정의, 너는 천재이다"라고 칭찬해 주었다. 주문과도 같은 아버지의 진심 어린 말씀 때문이었을까. 그는 매사 자신감에 차 있었고, 어느새 고교 진학 문제를 고민하게 되는 시기에 이르렀다. 그가 자신의 인생을 성공적으로 이끈 집중력을 공부 면에서 보이기 시작한 것은 이 때부터였다. 공부를 조금만 열심히 하면 원하는 학교에 들어

갈 수 있다는 믿음이 있었기 때문에, 가고 싶지 않은 학교에 대충 타협해서 들어가는 일은 있을 수 없다고 생각했다. 그래서 그는 그 때부터 공부에 열을 올리기 시작했고, 중학교 3학년 초반에는 반에서 몇십 등하던 것이 매달 순위가 올라가 결국 학년말에는 반에서 1등을 할 수 있었다. 그는 시험을 치를 때마다 계속해서 노력한 만큼 성적이 향상되는 것에 동기 부여되어 시험 보기를 학수고대할 정도였다.

그러나 어떻게 보면 손정의에게는 단순암기식의 공부보다는, 그림 그리기와 같은 창조적인 활동이나, 스포츠 시합에서 활약하는 것이 훨씬 가치 있는 일이었는지도 모른다. 요컨대 그에게는 스스로 노력하여 공을 멀리까지 보내거나, 공정한 경쟁을 통해 승패를 가르는 스포츠가 더욱 매력적이었던 것이다.

인생의 항로를 열어준 유학 생활

손정의는 미국에서의 고등학교를 한달 만에 졸업했다는 전설로도 유명하다. 그는 규슈에서 알아주는 명문 고등학교에 입학하였지만 곧이어 중퇴를 결심하였다. 1학년 여름 방학 때 1개월간 캘리포니아로 어학연수를 갔던 것이 그에게는 너무나 강렬한 기억으로 남았기 때문이다. 그는 이렇게 생각했다.

'지금 이대로 일본에서 열심히 공부한다면 도쿄 대학교와 같은 일류대에는 무난히 들어갈 수 있을 것이다. 그 이후의 인생 역시 어느 정도 안정적인 윤곽이 그려지는 것은 물론이다. 그러나 이렇게 짜여진 틀 속에서는 어떠한 야망이나 도전도 있을 수 없다. 지금이야말로 내 인생의 방향키를 전환해야만 할 때이다.'

이렇게 그는 미국으로의 유학을 결정하고 부모를 설득하여 학교를 중퇴하였다. 그 과정에서 학교측은 언제라도 다시 돌아올 수 있도록 학적만이라도 남겨두자고 제안했지만, 그는 자신의 결의가 둔해질 것을 염려해 그것마저 거절했다.

그는 17살에 미국 유학길에 올라 6개월간의 어학코스를 마친 뒤, 샌프란시스코의 샐러몬드라는 4년제 고등학교에 2학년으로 편입할 수 있는 허가를 받게 되었다. 그러나 1주일 가량 수업을 받아보고 그는 교장선생님을 찾아갈 수밖에 없었다.

"이 정도 수준이라면 일본에서까지 유학을 온 아무런 의미가 없습니다. 한 단계 더 높은 수업을 받고 싶습니다."

이런 그의 주장은 충분한 설득력을 가졌기에 그는 바로 3학년 과정으로 월반되었다. 그리고 다시 사흘 만에 4학년 과정으로 월반, 또 다시 3,4일이 지나서는 교장선생님에게 대학에 가고 싶다는 의견을 피력하기에 이르렀다.

결국 그는 고등학교 졸업을 위한 검정시험을 치르게 되었는데, 시험장에서 문제지를 받고는 아찔했다. 영어로 꽉 찬 수백 장의 문제지를 상대하기란 그의 영어실력으로는 무리였던 것이다. 그러나 사전을 사용하면 승산이 있을 것이라 판단한 그는 시험감독관을 불러 사전을 볼 수 있도록 허락해 줄 것과 시간도 연장해 줄 것을 요청하였다. 하지만 시험감독관의 허락이 떨어지지 않자 그는 자신의 지혜와 논리를 총동원하여 시험감독관을 설득시켰다.

"미국은 자유주의와 민주주의의 나라이므로 누구에게나 평등한 기회를 제공합니다. 저는 지금 개인적인 사정으로 인해 시험을 치르고 있지만 외국인으로서 영어에 다소 어려움이 있는 불리한 조건에 처해 있습니다. 그러나 이러한 불리함이 없다면 다른 사람들과 똑같이 이 문제들을 간단히 풀 자신이 있습니다. 검정시험은 언어능력을 평가하는 것이 아니며, 저의 부족한 어학실력을 만회할 수 있는 사전의 활용이야말로 다른 수험생들과 저에게 동등한 기회를 제공하는 합리적인 처사라고 생각합니다."

그의 대단한 기세에 시험감독관은 결국 그의 요구를 들어주었고, 며칠 뒤에 그는 합격소식을 들을 수 있었다. 이러한 소식에는 시험감독관도 기뻐할 정도였다고 하니, 당시 손정의의 패기를 짐작할 만도 하다. 이렇게 해서 그는 고등학교 입학 2주 만에 대학에 진학할 수 있었다. 일본에서는 있을 수 없는 일이었다. 융통성 있고 합리적인 것을 선호하는 미국이기에 가능한 일이었다고 손정의는 말한다.

처음에 홀리네임즈 대학에 들어갔던 그는 1977년, 버클리 대학의 경제학부 3학년으로 편입했다. 그 곳은 손정의로 하여금 '여기에는 성공할 수밖에 없는 녀석들만 있다' 라는 생각을 갖게 할 만큼 학생들의 학구열이 대단했기에, 그의 의욕도 높아만 갔다. 운전을 하다가도 정지 신호가 걸리면 운전대 위에 책을 펼쳤고, 심지어 목욕탕에서도 책을 놓지 않아 물기를 먹어 쪼그라든 책만도 여러 권이었다. 공부에 무서운 집념을 보이던 이 시기에 그는 장래에 기업가가 되겠다는 결심을 굳혀갔다.

그러던 어느 날 우연히 산 과학 잡지 표지에 인텔 사의 원칩 마이크

로 컴퓨터의 사진이 실린 것을 보고, 그는 엄청난 충격과 감동에 사로
잡혔다.

> "드디어 여기까지 왔구나. 컴퓨터가 이렇게 작아지다니. 확실히 인류
> 는 자신의 존재를 초월하는 것을 만들었다. 이제 머지않아 개인용 컴퓨
> 터 시대가 도래할 것이다."

이러한 직감은 그로 하여금 자신의 구체적인 도전 목표를 컴퓨터
업계로 정하게 했고, 이 때부터 그는 자신의 전공인 경제학과 더불어
컴퓨터 공부에 몰두하기 시작했다.

이 무렵 그는 자신이 가장 존경하는 인물 중의 한 분인 오다 노부나
가를 본받아 '인생 50년 계획'을 세우게 되는데, '20대에 컴퓨터 업계
에 이름을 알리고, 30대에 1천억엔 이상의 사업자금을 모으고, 40대에
한 판 승부를 벌인 후, 50대에 대사업의 완성을 성공시켜, 60대에 후계
자에게 바통 터치를 하는 것'이 바로 그것이었다. 자신의 전 생애에
걸친 비전을 세운 이때, 그의 나이는 불과 19살이었다.

그러나 곰곰이 생각해 보니 아르바이트를 해서는 고작 학비나 생활
비 정도를 벌 수 있을 뿐이며, 그로 인해 공부 시간을 너무 많이 빼앗
길 것 같았다. 그렇게 되면 자신의 인생 계획을 이루는 데 많은 지장을
받을 것이기 때문에 그는 새로운 대안을 생각해냈다. 이 때부터 사업
자금을 마련하기 위해 자신의 아이디어로 발명품을 내고, 그에 대한
특허 사용료를 받아야겠다는 계획을 세웠다. 좋은 특허만 가지고 있다
면 매월 1백만엔 이상의 수입을 올릴 수도 있다는 계산을 한 것이다.

발명을 위한 시간은 하루에 단 5분! 그렇게 일년 내내 하루에 한 건

씩 발명을 한다는 것을 스스로에게 의무로 부과하였다. 그 결과 이미 존재하는 물건이라도 조합을 통해 새로운 물건으로 재창조시키는 '조합법'을 이용하여 그가 만들어낸 것이 바로 '자동음성번역기'였다. 그는 이 제품을 들고 일본의 샤프 사를 찾아갔고, 당시 그 곳의 책임자인 사사키 다다시는 그 아이디어와 21살 젊은 청년의 가능성을 높이 평가하여 4천만엔의 대가를 흔쾌히 지불하였다.

그 이후 미국으로 돌아온 손정의는 이것을 사업자금으로 하여 버클리 대학 동창생인 혼 루와 함께 '유니슨 월드'라는 회사를 설립하였다. 이 회사가 착수한 사업은 프로그램 개발이었다. 그 중에서도 일본에서 들여 온 중고 게임기를 손질해서 레스토랑이나 칵테일 라운지, 카페 등에 설치해 놓고 사용료를 받는 사업은 큰 성과를 거두어 초기 투자 비용 2천만 달러를 2년이 채 안되어 모두 회수할 수 있었다. 나중에는 연간 매출 3억엔에, 사원수가 25명이 넘을 정도로 성장하여 신규 비즈니스로서는 매우 성공적인 사례로 남게 되었다. 덕분에 손정의는 1백만 달러라는 큰 사업자금을 손에 쥘 수 있었다.

세계를 향한 무한 질주

70%의 승률에서 싸운다

1980년 3월, 손정의는 졸업과 동시에 반드시 일본으로 돌아오겠다던 어머니와의 약속을 지키기 위해, 유니슨 월드를 혼 루에게 맡기고 일본으로 귀국하였다. 그는 유학 시절에 이미 일본인과 결혼하여 자녀까지 있었으므로, 아무런 소속 없이 단지 사업구상만을 해야 했던 그 때를 다소 힘들었던 시간으로 회상한다. 그러나 서툰 창업으로 귀중한 시간과 자본을 낭비할 수는 없었기에, 그는 미개척 분야로 남아 있는 40여 가지 사업아이템을 구상해 보고, 그 중에서 또 다시 25개 항목을 추려 각각의 성공 가능성을 점쳐 보았다. 요컨대 돈을 벌 수 있는 사업인지, 일생동안 열중할 수 있는 사업인지, 경쟁자는 있는지, 얼마만큼의 자본을 필요로 하는지, 또 10년 이내에 적어도 일본에서 최고가 될 수 있는지 하는 것들이 그것이었다. 여기서 손정의 특유의 치밀한 분석력을 엿볼 수 있는데, 그는 과감한 도전 정신을 갖춘 모험가이면서도, 동시에 70% 이길 자신이 있을 때에 손을 댄다는 그만의 '70% 법칙'을 따르는 주도면밀한 사람이었다. 결과적으로 이러한 치밀한 검토 후에 손정의가 창업 분야로서 결정한 것은 바로 컴퓨터 소프트웨어 유통 사업이었다. 70%의 승률이 보장된다고 확신한 이상 더 망설일 것이 없었다.

1981년 9월, 손정의는 임시직원 두 명을 데리고 일본 소프트뱅크 사를 설립, 드디어 자신의 생애를 건 사업을 시작했다. 창업 직후 어느 날, 그는 "5년 이내에 1백억엔의 매출을 올리고, 10년 이내에 5백억엔, 최종적으로 수조엔, 수만 명 규모의 회사로 발전시키겠다"는 포부를 말했지만, 두 명의 임시직원은 그만 입을 다물지 못하고 2개월도 지나지 않아 회사를 그만두었다. 그러나 창업 이후 5년이 지났을 때 소프트뱅크 사의 매출액은 실제로 5억엔을 넘어섰고, 10년이 경과한 후에는 그의 호언장담대로 5백억엔 목표를 달성하고야 말았다. 이처럼 무리이다 싶을 정도의 목표를 세우고, 그에 근접하려는 노력으로 무섭게 질주하는 방식이야말로 손정의의 전형적인 경영 스타일이라고 할 수 있다.

그러나 일본 최대의 소프트웨어 개발회사인 허드슨소프트 사와 독점 판매 계약을 따 놓았음에도 불구하고 계약금을 지불할 자금이 없

어 고민해야 하는 시기도 있었다. 이때 그는 회사에서 가까운 다이치
강교 은행을 방문하여 지점장을 만나 1억엔의 융자를 요구하였다. 하
지만 담보나 보증인도 없이, 오직 자신의 사업에 대한 장래성만을 내
세우며 열정 하나로 똘똘 뭉친 이 젊은 사업가에게 은행은 거액의 돈
을 쉽게 융자해 줄 리가 없었다. 그런데 뜻밖에도 손정의는 자신조차
도 무리라고 생각했던 1억엔의 융자를 받기에 이르는데, 이 유례 없는
결정에 대한 진상은 오랜 시간이 흐른 뒤에야 밝혀졌다.

사실 다이치강교 은행의 지점장은 손정의의 신용을 알아보기 위해
그의 과거 이력을 수소문해 보았었다. 그래서 음성자동번역기라는 그
의 아이디어를 사준 일이 있는 샤프 사의 사사키 다다시에게 전화를 걸
었는데, 바로 그가 자신의 집을 담보로 제공하였던 것이다. 뿐만 아니
라 지점장과 관계자가 손정의의 가능성을 믿고 본인들이 위험부담을
안은 채 결단을 내려주었던 것도 한몫을 했던 것이다. 만약 이때 융자
얻기에 실패했다면 지금의 소프트뱅크 사는 없었을지도 모른다. 손정
의는 이처럼 사업의 커다란 원점으로 남아 있는 이 일을 늘 고맙게 생
각하여, 이후로도 오랫동안 당시의 은행을 주거래은행으로 이용하였
다고 한다. 이 때부터 그의 소프트웨어 유통사업은 그 성장력을 가늠할
수 없을 만큼 나날이 번창하였고, 처음에는 자신의 사업에 대한 광고의
일환으로 시작했던 컴퓨터 관련 잡지도 잇따라 히트를 치자, 손정의와
그의 사업이 매스컴을 비롯한 세간의 주목을 받기에 이르렀다.

일부에선 그의 성공을 놓고 운이 좋았다며 깎아내리기도 한다. 하지
만 손정의는 "성공은 애초부터 예정되어 있었다"고 말한다. 소프트웨
어 유통과 출판이라는 인프라를 사업 아이템으로 잡았기 때문이다. 요
컨대 소프트웨어 '제조' 회사라면 제품이 안 팔릴 경우 망할 수도 있

다. 하지만 인프라 사업은 산업 자체가 팽창하는 한 성공이 보장된다. 이는 자동차 회사 몇 개가 도산해도 고속도로 톨게이트는 번성하는 것과 같은 원리이다. 손정의는 이를 '중립성의 법칙'이라고 부른다. 예측 불가능한 개별 요인에 좌우되지 않을 곳에 투자한다는 철학이다. 손정의는 자신이 디지털 정보세계의 '인프라 공급자'인 한, 실패위험은 없다고 단언한다.[1]

위기를 기회로

손정의의 인생 최대 위기는 26살 때 찾아왔다. 단순한 과로로 생각했던 것이 중증 B형 만성간염 선고를 받은 것이다. 정밀검진 결과 최악의 경우 5년을 못 넘길 수도 있다는 선고가 떨어졌다. 이 때가 소프트뱅크 사의 창업 3년째로, 그동안 밤낮을 가리지 않고 일했던 피로가 누적되었기 때문이었다. 그러나 이러한 위기에 주춤하거나 좌절할 그가 아니었다. '반드시 완치해 보이겠다'는 각오로 병실에 누워 독서를 하고, 사업 구상 짜내기에 몰두했다. 그가 완쾌될 때까지 2년 여의 시간 동안 독파한 책은 무려 4천권에 달했다. 이처럼 인생의 위기마저도 기회로 바꾸어 낸 손정의는 "평생 먹고 살 지식을 병원에서 얻었다"고 말하곤 한다.

우량기업 사냥

1994년 7월 소프트뱅크의 주식을 공개한 후에 손정의는 사업가로서 일대 변신을 도모하였다. 1995년 주식을 공개하자 소프트뱅크의 주가는 1주당 1만 8천9백 엔이라는, 당시로서는 경이적인 고가를 기록하였다. 하지만 기업가로서 하나의 완성점에 도달하였다고 해서 안주할 수는 없었다. 한 번뿐인 삶에 후회를 남겨서는 안 된다고 다짐해 오던 그는 곧이어 다음 계획을 실행에 옮기기 위해 디지털 관련 우량기업들을 사들였고, 이 때부터 '손정의 제국'의 웅장한 모습은 그 윤곽을 드러내기 시작했다.

1995년 4월 미국 매사추세츠 주 컴덱스 사. 손정의와 컴덱스 측의 셸던 아델슨 회장이 단 둘이 마주앉아 지분매각 교섭을 벌이고 있었다. 인사말이 오간 뒤 손정의는 느닷없이 '단발승부'를 제안했다.

"당신이 받고 싶은 가격을 딱 한 번만 말하시오. 타당한 가격이면 흥정 없이 지불하겠소. 하지만 무리하게 부른다면 그것으로 협상은 끝이오."

기가 꺾인 듯 아델슨 회장은 고개를 끄덕였다. 잠시 침묵이 흐른 뒤 아델슨의 입이 열렸다.

"8억 달러를 내시오."

자리에서 일어난 손정의가 손을 내밀었다.

"오케이. 협상은 성립됐습니다."

세계 최대의 컴퓨터 전시 업체 컴덱스의 주인이 바뀌는 데는 5분이 채 걸리지 않았다. 그러나 이것은 결코 즉흥적인 결정이 아니었다. 손정의가 컴덱스 매수를 위해 검토한 시뮬레이션 자료만도 2만쪽 분량에 달했다. 철저한 사전 검토 끝에 8억 5천만 달러까지 지불할 수 있다는 결론을 내려두고 있었던 것이다. "일단 수용 가능한 가격이라면 더 깎으려 흥정하지 않습니다. 몇 푼 아끼는 것보다 꼭 먹어야 할 사냥감을 확실하게 낚아채는 게 훨씬 더 중요하죠"라고 그는 말한다.[2]

한편 세계 최대 컴퓨터 출판사인 지프데이비스 퍼블리케이션의 매수 때에도, 1년 여에 걸친 기나긴 교섭을 확실히 마무리지은 계기는 손정의가 포스트맨 리틀 회장의 집에 직접 찾아가 단발 승부를 낸 것이었다. 당시 회장은 21억 달러라는 거액을 요구했고, 그만큼의 충분한 가치가 있다고 판단한 손정의는 주저 없이 M&A(Merger and Acquisition, 기업 인수·합병)를 체결하였다. 17억 달러에 달하는 미국 잡지 시장에서 지프데이비스 퍼블리케이션이 차지하는 비중은 50%에 달했으므로 이 인수로 인해 소프트뱅크의 잡지 발행부수는 1천만 부에 달하게 되었고, 연간 매출액도 3천억엔 규모로 늘어나게 되었다. 지프데이비스 퍼블리케이션의 인수는 손정의가 현재 인터넷 세계에서 가히 합중국에 비견될 정도의 슈퍼 기업 집단을 구축할 수 있었던 원동력이 되어 주었다.

손정의의 야망은 여기서 그치지 않았다. 장차 본격적인 인터넷 시대가 도래할 때를 대비하여 이 분야에 없어서는 안될 회사를 찾아 투자할 것을 계획하고, 빌게이츠를 비롯한 세계 거물급들의 조언을 받아들여 '야후'의 매입을 결심하게 되었다. 당시 야후는 설립된 지 1년이 채 안된 아주 작은 회사였고, 규모나 매출 면에서도 아직 햇병아리에 불과했다. 그러나 영세기업이던 '야후'의 가치를 한눈에 알아본 손정의는 37%의 주주가 되기 위해 150억엔을 초기 투자하게 된 것이다. 모두들 비웃었지만, 주식 시장 상장 이후 '야후'의 주가는 투자액의 3배 이상을 기록했고, 이는 손정의 신화의 탄탄한 밑거름이 되었다.

세계화를 향한 열정

손정의와 빌게이츠의 만남은 컴퓨터 산업에서의 양대 산맥의 만남에 비유할 수 있다. 이들의 첫 만남은 1995년 8월 마이크로소프트 사 측에서 소프트뱅크 60%, 마이크로소프트 40%의 비율로 합자하여 '게임뱅크'라는 게임소프트 회사를 설립하면서 이루어졌다. 이것은 윈도

우95에 게임소프트를 장착함으로써 일반 가정 시장까지 석권하겠다는 마이크로소프트의 목적과, 게임 스테이션용 시뮬레이션 게임인 '미스트'의 판매량을 초기에 확실히 확대시켜 보겠다는 소프트뱅크의 의도가 맞아떨어진 결과였다. 이로써 소프트뱅크 산업에서의 거대 라이벌인 손정의와 빌게이츠는 마이크로소프트 사가 개발을, 소프트뱅크 사가 유통을 담당하는 관계를 맺고 경쟁자가 아닌 협력자로 되었다.

손정의의 세계를 향한 질주는 계속되었다. 1995년 11월 소프트뱅크는 야후의 주식 50%를 장악함으로써 인터넷 사업에서 그 입지를 더욱 굳혀갔고, 인터넷 결제회사 사이버캐쉬에 출자하는 한편, NTT 데이터 통신과의 공동 출자를 통해 인터넷 접속 서비스 회사인 '미디어뱅크'를 만들기도 했다. 또한 유니텍 텔레콤과 제휴하여 중국 진출의 전진 기지를 마련하였고, 게임기의 대명사 '세가'와 미국에 합자회사를 설립하였다. 이러한 사업은 세계화에 대한 손정의의 열정에서 나온 것이었다. 소프트뱅크 사 6천8백여 명의 사원 중 80%가 외국인인 것에서도 그의 세계적 시각의 경영을 엿볼 수 있다.

그렇다면 소프트뱅크 사를 이렇듯 세계 속에 심어가는 손정의의 경영방침과 기본철학은 어떤 것일까?

소프트뱅크 사엔 뭔가 특별한 것이 있다

낡은 관습을 타파한 자금 정책

과거 일본의 대미 투자는, 미국 대기업의 명성이나 이미지에 현혹되어 덥석 물고 보니 실속이 없더라는 식이었다. 하지만 미국 내에서 소프트뱅크 사에 대한 평가는 미국 투자에 실패한 종래의 일본 기업과는 다르다는 것이 지배적이다. 무턱대고 덤벼드는 식이 아니라 치밀한 분석 후에 전략적인 투자와 자금조달을 행하는 방식은 세계 컴퓨터계의 거인 마이크로소프트와 스프트뱅크를 동일 선상에서 보게 하고 있다. 또한 소프트뱅크는 세계의 수많은 유수 기업들과 적극적이고 대규모적인 M&A를 전개해 온 것으로도 유명하다. 이러한 탁월한 투자 전력과 거침없는 M&A 뒤에는 소프트뱅크 사만의 자금 관리책이 숨어있다.

1995년 9월, 소프트뱅드 사는 일본에서는 처음으로 사채관리회사를 두지 않고 5백억엔의 보통사채를 발행하였다. 재무대리인만을 둔 결과 발행비용은 1천3택만엔이 들어갔는데, 만약 이를 사채 관리회사에 위탁했더라면 2억 7천만엔의 수수료를 지불해야 했으므로 엄청난 비용 절감의 효과를 거둔 셈이었다. 이러한 방식은 법으로 허용이 되어 있음에도 불구하고, 보통의 회사들은 주거래 은행과의 관계를 염려하여 감히 실행하지 못했던 것이다. 그러나 소프트뱅크 사는 과감히 주거래 은행제를 폐지하고, 더 싼값에 안정적인 자금을 조달해 주면 어느 은행하고든 거래하겠다는 핵심 은행제를 택했기 때문에 이러한 일이 가능했다. 이후 다른 많은 기업들이 소프트뱅크 사와 같은 사채발행 방식을 사용하고 있다.

한편 소프트뱅크 사는 역사상 초유의 3%대 저금리 시대와 엔고에서 오는 저렴한 조달 비용을 최대한 활용하여 디지털 정보산업의 기수가 되기 위한 기지개를 활짝 켰다. 또한 소프트뱅크 사의 주가가 주당 3만엔을 돌파하는 등의 고주가였을 때, 적절한 시기의 주식 분할과, 주식수가 늘어나는 상장을 굳이 하지 않고 마이크로소프트 사와 같이 장외주식으로 남음으로써 큰 효과를 보기도 했다.

손정의는 '은행도 기업의 실적이 떨어지면 어차피 사다리를 떼어버린다. 실적이 올라가면 은행 문제는 저절로 해결된다' 라고 생각했다. 그래서 주거래 은행제를 폐지하고, 융자 요청에 대한 반응, 외환거래 실적, 영업 공헌도 등의 기준으로 해마다 은행을 평가하여 평가 점수가 높은 은행과 거래를 하였다. 그 결과, 단기 차입금 최대 거래 은행이 일본 흥업은행에서 권업은행으로 바뀐 적도 있었다. 이로써 언제나 기업이 은행에 아쉬운 소리를 해야 했던 기존의 체제에서, 오히려 은행이 기업의 눈치를 보게 되는 식으로 입장이 전도되는 유례 없는 일이 생겨난 것이다.

스페이스 셔틀 경영

손정의가 구상하고 완성한 소프트뱅크 사의 '6대 인프라 장악' 은 다음과 같다. ①소프트웨어 유통(소프트뱅크 물류사업본부) ②네트워크(일본 시스코 시스템즈) ③출판 미디어(비프데이비스 출판 부문) ④전시회(컴덱스·인터럽) ⑤정보서비스(UCA&L) ⑥인터넷(야후)

이처럼 거대한 제국화 정책의 쾌속 질주를 가능케 하는 힘은 손정의만의 '스페이스 셔틀 경영' 원리이다. 이는 팀제, 일일 결산제, 인센티브제, 1만 개 노크제, 컴퓨터의 철저한 활용의 다섯 가지로 이루어져 있으며, 이러한 5개 기둥이 각기 독립적으로 활동하는 것이 아니라 상호작용을 통하여 전 조직을 활성화한다는 것이다. 이는 모든 직원들이 회사를 위해 일하고 싶은 마음이 들 수 있도록 자극하고, 나아가 각자가 지닌 능력을 최대한 발휘할 수 있는 환경을 만들어주는 경영 원리라고 할 수 있다.

- 팀제(10인 단위의 독립채산제) : 손정의는 1980년대부터 회사 경영에 팀제를 도입해 왔는데, 팀제란 10인을 한 단위로 하는 각 팀이 하나의 기업이 되어 독립채산제로 운영되는 경영 시스템을 말한다. 팀장에게 권한을 대폭 위임하여 결과에 따라 성과급을 주거나 가상파산의 경고를 주기도 한다. 이는 1,000미터 떨어진 곳에서 목표물을 쏘려는 것이 아니라, 현장에 권한을 위임하여 1미터 앞에서 과녁의 중심을 명중시킬 수 있는 이치와 같다.

- 일일 결산제 : 사원 한 개인의 판매실적과 경상이익을 날마다 산출하여, 어떤 팀의 누가 예상 실적을 달성하고 있는가를 그날 그날 알 수 있도록 하는 제도이다. 이것은 '골프공의 낙하 지점뿐만 아니라 공의 구질도 알 수 있다' 는 이치로서, 결과는 물론 과정까지 볼 수 있기 때문에 의사결정이 빨라지는 효과가 있다. 실제로 자신의 실적이 항상 업무에 자극을 주는 동기로 작용하여 매우 큰 성과를 보기도 하였다. 하지만 이러한 제도는 "매일 성적표를 받는 기분이어서 업무에 대한 부담이 너무 크다"는 반론을 낳기도 하였다. 이에 대해 손정의는 "일일 결산제는 현장의 재량권을 확대하기 위해 실시했으며, 무미건조하게만 보이는 숫자도 철저히 추궁해 가다 보면 생각보다 인간미가 넘치는 것임을 알게 된다"라고 자신의 경영 철학을 말한다.

- 인센티브(특별 성과급)제 : 팀장 이상의 간부에게만 적용되는 것으로서, 경상이익을 기준으로 하여 1만엔 단위로 점수를 주는 제도이다. 회사 전체의 이익이 크면 클수록 급료나 보상금도 비례해

서 증가한다. 회사 내에서 팀장은 보통 5년 정도가 지나면 될 수 있는데, 따라서 인센티브제는 일반 사원이 열심히 일하여 팀장이 되고, 그렇게 되면 인센티브를 받을 수 있다는 자극을 부여하는 동기로도 작용한다. 이것은 손정의가 미국의 실리콘밸리에서 유행하던 스톡옵션제를 일본에 처음 도입한 것으로서, 탈 일본식 경영의 진수를 보여주는 것이라고 할 수 있다.

■ 1만 개 노크(knock)제 : 팀제와 인센티브제 등을 통해 개개의 세포를 활성화시킨다 해도 회사 전체의 균형이 무너진다면 아무런 소용이 없다. 이러한 이유로 도입된 '1만 개 노크제'는 균형잡힌 경영을 위한 경영 분석 지표 1만 개를 준비하고, 이를 통해 모든 각도에서 자사의 경영 상태를 분석하는 제도이다. 1만 개의 노크란 총 매출액 대 경상이익, 총 매출액 대 인건비, 1인당 매출액 등 경영 상태를 분석할 수 있는 지표들을 말한다. 이러한 지표를 보기 쉽게 그래프화하면 경영 상황을 일목요연하게 알 수 있게 된다.

■ 컴퓨터의 철저한 활용 : 손정의는 컴퓨터를 전국시대의 새로운 병기였던 조총에 비유한다. 현재 일본 기업의 컴퓨터 장비율은 25%인데 반해 소프트뱅크 사는 100%를 자랑하고 있으며, 일일 결산제와 1만 개 노크제를 가능케 한 힘도 바로 이러한 컴퓨터 시스템이었다. 물론 경영 통계상의 활용 이외에도, 사장부터 평사원까지 모든 컴퓨터가 LAN으로 연결되어 있어 업무 보고와 결재 또한 컴퓨터 통신망으로 처리할 수 있는데, 이는 이전보다 3배 이상의 업무량을 소화할 수 있도록 돕는다.

주변의 조력가들

소프트뱅크 사에서 매년 5월 2일은 휴무일이다. 이 날은 손정의 사장이 소프트뱅트 사의 오늘이 있기까지 물심양면으로 도와 준 은인들에게 감사를 표하는 '감사의 날' 이기 때문이다. 손정의가 대은인으로 생각하는 사람들 중에는 유학 시절의 발명품인 자동음성번역기에 4천만엔이란 거금을 선뜻 내놓고 특허권을 사준 사사키 다다시와, 중요한 물량확보를 위한 자금이 필요할 때 자신의 진지함과 논리 정연한 사업 계획을 믿고 무담보 대출을 해주었던 고기타니를 비롯한 10여 명의 사람들이 있다. 제아무리 인터넷의 제왕이라 불리는 손정의라지만, 이들의 도움 없이 오늘날과 같은 소프트뱅크의 성공은 없었을 것이다.

이렇게 손정의는 여러 분야에서 탄탄한 인적 네트워크를 구축하고 있다. 보통 벤처기업가 중에는 기술에는 강한 반면, 인간미가 부족하고 세상을 보는 시야가 좁은 사람들이 많다. 이것은 벤처기업의 성장을 저해하는 가장 큰 요인 중 하나이다. 벤처기업가에게 인간적인 면이 가미된다는 것은 호랑이에게 날개를 다는 것과 같고, 이런 점에서 볼 때 손정의는 양륜을 갖춘 많지 않은 벤처기업가 중 한 사람이다.

손정의의 비즈니스 금언 10항목

첫째, 자기 만족을 초월하라. 이는 간염으로 3년 반을 치료받던 중 꼭 완치되어 회사로 돌아가려는 결심을 했을 때 느꼈던 것이다. 자기 만족이란 이기이며, 기업가는 이타를 위해 일을 해야 하기 때문에 자기 만족을 초월한 경영을 해야 한다는 것이다.

둘째, 컴퓨터를 자유자재로 다룰 수 있어야 한다. 소프트뱅크의 컴퓨터 장비율은 100%를 넘었고, 협상시에도 전자메일로 상대의 최고

경영자와 직접 접촉한 뒤 속전속결로 협상을 마무리짓는다. 이것은 업무의 효율성을 3배 이상 높이는 결과를 낳았고, 최고경영자가 필수적으로 갖추어야 할 조건이다.

셋째, 기업은 라이프 플랜(Life Plan)이 있어야 하며, 사업 계획은 장기적인 안목에서 장기 계획으로 세워야 한다. 이는 손정의가 말한 '300년 동안 지속적으로 성장할 수 있는 기업관'에 대한 설명을 뒷받침해 주는 것으로서, 창업자가 죽고 나서도 계속 발전하며 살아남을 수 있는 회사를 만들기 위한 필수적인 사업 지침이다.

넷째, 매출액은 지명도와 비례해서 상승한다. 손정의가 유명 기업과의 M&A를 통한 여러 차례의 투자에 의해 그 전보다 3배가 넘는 매출액 성장을 이루었던 것에서도 알 수 있듯이, 회사의 지명도는 그만큼 중요하다.

다섯째, 주주 총회에서는 자유롭게 질문할 수 있는 분위기를 만들어라. 최고경영자가 주주총회에서 기업의 재무 내용을 보고한 후 주주들에게 솔직한 질문을 받고, 또 그런 질문 내용을 경영에 반영하는 방식으로 주주와 회사의 관계를 늘 생각하는 것이 손정의만의 경영 방식 중 하나이다.

여섯째, M&A를 잘 활용하라. 일반적으로 탈취라는 개념으로 통용되는 형태의 부실한 기업의 인수를 말하는 것이 아니다. 손정의가 말하는 M&A는 소프트뱅크의 분명한 전략으로서, 창업에서 최고의 기업으로 성장시키는 데에는 많은 시간이 걸리므로, 세계 최고의 기업들이 축적해 놓은 최고의 기술을 인수·합병하는 건전한 M&A를 말한다. 요컨대 우선 우량기업을 인수해 소프트뱅크의 주가를 띄운 다음, 상승한 주가를 바탕으로 유리한 조건에서 사채를 발행, 자금을 대량으로 조달하는 방법이다. 또 이렇게 조달한 자금으로는 더 큰 우량기업을 사들인다. 이런 식으로 확대재생산을 거듭하며 덩치를 기하급수적으로 불려간다. 이는 자칫 사상누각이 될 수도 있지만 손정의는 제반 상황을 절묘하게 컨트롤해 가며 안전한 비행을 했다.

일곱째, 상대에게 득이 되어야 내게도 득이 된다. 소프트뱅크 사는 지금까지 매수나 자본 참여 등의 기업 제휴를 되풀이하며 사업을 확대시켜 왔다. 이것이 가능했던 이유는, 자신이 상대 기업의 적이 아닌 동지라는 이미지를 심어주었기 때문이다. 이렇게 되면 협상이 긍정적인 방향으로 쉽게 풀려나가기 마련이라고, 손정의는 자신의 경험을 이야기한다.

여덟째, 사원에게 항상 위기 의식을 갖게 하여 대기업병을 막아라. 조직이 비대해지면서 조직원들은 안이함에 젖게 되고, 동시에 조직의 사활이 걸린 문제에도 둔감해짐으로써 조직의 성공과 점점 멀어지게 된다. 이는 보상이라는 당근으로 사원들을 자극하고, 건전한 경쟁심을 유도하는 것이 경영자의 역할이라는 뜻이다.

아홉째, 사원들에게 비전을 보여주어라. 그 달의 매출액을 걱정하는 경영자는 실격이다. 경영자란 미래의 확실한 경영관을 세우고, 그런 미래의 경영관을 사원들에게 심어주어야 한다. 사장의 확신과 비전이 사원들에게 전달될 때 목표는 이미 반 이상 달성된 것이나 다름없다.

열째, 재미를 붙일 수 있는 일을 하라. 손정의는 건강상의 이유로 7년 전부터 골프를 시작했고, 나중에는 골프가 빌게이츠와의 만남에 필수적인 요인이 되는 등 비즈니스에도 도움을 주었지만, 사실 골프를 하는 주된 이유는 재미가 있기 때문이다. 이것은 기업에서도 마찬가지이다. 재미가 있으면 저절로 실력이 늘기 마련이다. 이와 마찬가지로 경영인도 사회를 위해 혹은 사원을 위해 기업을 경영한다는 생각 이전에 그 자체에 재미를 느껴야만 일의 능률이 오르기 마련이다. 내가 하는 일이 사랑하는 이와의 데이트만큼이나 설레고 즐거운 일이 되도록 하자.

기업가로서의 손정의

소프트뱅크의 주가총액은 현재 마이크로소프트의 15% 수준이다. 그런데도 손정의가 '빌게이츠 추월'을 장담하는 이유는 의외로 단순하다. 포인트는 인터넷이다. 21세기의 비즈니스 패권은 인터넷이 좌우하게 되며, 그 인터넷 세계의 핵심 인프라는 손정의 자신이 장악하고 있다는 논리이다.

"마이크로소프트가 테크놀로지를 쥐고 천하를 호령하지만…. 언제까지 계속될지는 의문이다. 테크놀로지 비즈니스는 한계가 있다. 하지만 인터넷은 모든 산업과 연결된다. 금융, 유통에서 미디어까지 무궁무진하게 사업을 펼칠 수 있다. 비즈니스의 그릇이 차원부터 다르다."[3]

현재 우리 나라의 기업들은 IMF 이후 큰 어려움에 처해 있다. 이것은 우리 나라 기업의 대외 경쟁력이 너무 약하기 때문이다. 과거에 산업화가 미국이나 일본보다 늦었던 탓에 오늘날에도 그들에 비해 우리의 기술력이나 경쟁력은 뒤떨어지는 것이 사실이며, 이러한 이유로 국가는 국내 산업을 보호하는 정책을 시행해왔다. 물론 이러한 정책이 의도하는 바는 국내 산업이 발전할 수 있는 밑거름을 제공해 주고, 세계를 상대로 한 경쟁력이 생길 수 있도록 지원해 주자는 것이었다.

그러나 이런 정책이 우리 나라의 산업을 온실의 화초처럼 너무 곱게만 키워온 것이 아닌가 하는 우려도 생긴다. 왜냐하면 국내 재벌 기업들은 경쟁력을 키우는 데 주력하기보다는 족벌체제를 유지하며 개인의 이익에 몰두하고, 국가의 보호정책 안에서 안주하려는 경향을 보이기 때문이다. 외국에서 유학을 하거나 현장 경험을 하고 온 사람들은 이제 한국 기업들도 어느 정도 자립할 수 있는 위치에 왔다고 말하곤 한다. 또한 이제는 기업이 과감히 국가의 보호정책 틀 밖으로 나와 세계의 냉엄한 현실을 직접 겪어야 한다고 말한다.

10대에 이미 인생의 50개년 계획을 세운 이래 줄곧 세계를 목표로 질주해온 손정의 사장의 기업 경영은 우리 나라의 기업 현실을 되돌아보게 한다. 지금 손정의는 30대까지의 목표를 초과달성하며, 40대의 '커다란 한 판 승부'를 벌이고 있는 중이다. 300백 년 뒤까지도 계획하며 그가 그리는 '손정의 제국'의 미래가 보이는 듯하다.

● 찾아보기

■ 프롤로그

1) 1998년 미국의 호구조사 공식 자료

■ 김윤종

1) 〈Washington Post〉, 1998년 4월 17일자, p.F1.

2) 문원택·김원석(1996),《기업가와 기업가정신》, AIM 산업경영교육원

3) "Nimble Xylan Dances on Giants Turf", 〈LA Times〉, 1998년 8월 25일자. 이와 관련된 기사가 〈NY Times〉, 〈Fortune〉, 〈Fobes〉 지 등에도 기재되었다.

4) "김윤종씨 벤처투자가로 수완 발휘", 〈매일경제신문〉, 2000년 7월 4일자

5) "97 신년특집", 〈한국일보-워싱턴〉, 1997년 4월 1일자

■ 김종훈

1) Ignatius, David, "The New Guard : They're Young, Rich and redefinding the Region's Business Community", 〈Washington Business〉, 1998년 4월 27일자 Cover Story

2) 〈주간한국〉, 1998년 10월 26일자, pp.36~37.

3) 운동을 비롯한 과외활동을 잘해야 한다고 생각하여 육상 장해물 뛰어넘기 선수 활동을 했기 때문에 그의 신체는 매우 건강했다.

4) Peter, Thomas & Austin/Nancy(1985),《A Passion for Excellence : Leadership Difference》, New York, Random House

5) 노부호(1993),《한국 중소기업의 성공 전략》, 서울, 유나이티드컨설팅그룹

6) 〈비즈니스위크〉, 1997년 5월 26일자

7) 〈주간조선〉, 1998년 5월 14일자

■ 이승만

1) 〈조선일보〉, 1999년 5월 18일자, 1면
2) "New American Gril : Food", pp.1~6. 〈Wahsington Post〉, 1999년 6월 30일자
3) "Koreans : Corner Store Revolution", p.8. 〈Washington Post〉, 1979년 5월 28일자
4) 이철, "빈민 지역에서 장사하려면", 〈한국일보-워싱턴〉, 1999년 2월 23일자
5) "페어팩스 카운티 부자 많다", P. 1. 〈한국일보-워싱턴〉, 1999년 8월 27일자
6) "세계 첫 슈퍼마켓 : 뉴욕 변두리에 등장", 〈조선일보〉, 1999년 4월 22일자, 10면
7) 허병렬, 《뉴욕한국일보 25年》, pp.34~35.
8) 〈한국일보-워싱턴〉, 1999년 7월 31일자, 1면

■ 엄호웅

1) 허병렬, 《뉴욕한국일보 25年》, p.43.
2) Ibid., pp.72~73.

■ 이준구

1) 연세대학교 석사 논문(1993), 〈한국 외교 문화적 수단으로서 태권도에 관한 연구〉
2) 〈월간조선〉, 2000년 7월호
3) 〈월간조선〉, 2000년 7월호
4) 이준구(1995), 〈21세기 한국인의 사명〉, 《한국 문화의 세계화》, 세계한민족 학술회 논문집, 한국정신문화연구원, pp.314~315.

■ 이 행 웅

1) Bryant/Milo F., "Master Fasts for Memorable Event", p.60. 〈Democrat-Gazett〉, 1995년 6월 13일자

2) 〈Arkansas Business Weekly〉, 1995년 6월 26일자

3) 〈Democrat Gazette〉, 1995년 6월 18일자

4) 〈문화일보〉, 1998년 1월 12일자

5) 〈Washington Post〉, 1999년 8월 27일자, pp.1~10. '골드 짐(Gold Gym)'은 미국 전역을 대상으로 한 건강 · 스포츠 관련 프랜차이즈 기업으로서 전국 534개 체육관에 2,950만 명의 회원을 둔 대기업이고, 시장 가치가 1억 달러이다.

6) "1997년도 제5회 KBS 해외동포상 수상자", 〈월간 해외동포지〉, p.43.

7) 이행웅, 1998년 12월 14일 보고서

8) 〈월간조선〉, 1999년 11월호

9) Covey, Steven, 《Seven Habits of Highly Effective People》

10) "미국에 태권도 왕국을 건설", 〈일간스포츠〉, 1987년 7월 17일자

11) 《Philosophy & Mission》 참조

■ 김 기 자

1) "Women of All Races Share Entrepreneurial Spirit", 〈NFWBO News〉, no. 3, 1998.

2) "Practices of Women Entrepreneurs Suggest New Models", 〈NFWBO News〉, no. 3, 1998.

3) "Silicon Spread", p.F1. 〈Washington Post〉, 1998년 4월 17일자

4) 여성기업가가 창업 자금을 융자받기는 너무 어려웠다고 회고한다.

5) 〈Washington Post〉, 1999년 6월 25일자, p.A4. 정보통신 산업의 인력 수요를 충당하려는 특별입국사증 : 외국인 기술직 임시 이민(Migrant Cyberworkers)으로 초청 입국시키는 특별취업비자(H-1B)를 11만 5천 명으로 늘리는 법안이 많은 논란 끝에 연방정부 입법부에서 통과되었다.

■ 송 영 욱

1) "ARIS : A Software Tuner & Coach", pp.78~82. 〈Business Week〉, 1998년 6
월 1일자

2) Ibid., p.7.

3) 〈Fobes〉, 1998년 11월 21일자

4) 이경호(1999),《꿈을 가진 사람들의 세상》, 도서출판 두란노, p.22.

5)《미주복음신문》, 1999년 7월 11일자, p.7.

6) Ibid., p.70.

7) Ibid., p.55.

8) 이경호(1999),《꿈을 가진 사람들의 세상》, 도서출판 두란노, pp.43~47.

■ 손 정 의

1) 〈조선일보〉, 1999년 11월 8일자

2) 〈조선일보〉, 1999년 11월 9일자

3) 손정의,《기업의 젊은 사자》

저 자 소 개

문 원 택 | 미국 조지워싱턴 대학교 경영대학원에서 박사학위를 취득한 후, 미국 비교사회문화연구소 선임연구원과 서강대학교 경영대학원 초빙교수를 역임하였다. 현재는 미국 워싱턴에 있는 기업가정신연구소의 소장으로 활동중이다. 저서로는 《디지털시대의 기업가와 기업가정신》, 《헨리 포드에서 정주영까지》 등이 있다.

E-Mail : wontmoon@aol.com

이 준 호 | 현대경제연구원 수석연구위원으로 활동하다, 서강대학교 경영대학원에서 박사학위를 취득하였다. 이후 조직전략연구소의 소장을 역임하였고, 현재는 문경대학 교수로 국제경영개발원 원장을 맡고 있다. 저서로는 《고임금시대의 노무관리》, 《헨리 포드에서 정주영까지》 등이 있다.

E-Mail : IFOS@hananet.net